16차시 플러스 8차시 더!

초판 발행일 | 2024년 12월 10일
지은이 | 해람북스 기획팀
펴낸이 | 최용섭
총편집인 | 이준우
기획진행 | 김미경
표지디자인 | 김영리

주소 | 서울시 용산구 한남대로 11길 12, 6층
문의전화 | 02-6337-5419 팩스 02-6337-5429
홈페이지 | https://class.edupartner.co.kr

발행처 | (주)미래엔에듀파트너 **출판등록번호** | 제2020-000101호

ISBN 979-11-6571-218-1 13000

이 책은 저작권법에 따라 보호받는 저작물이므로 무단전재와 무단복제를 금지하며, 이 책 내용의 전부 또는 일부를 이용하려면 반드시 저작권자와 (주)미래엔에듀파트너의 서면동의를 받아야 합니다.

※ 잘못된 책은 바꾸어 드립니다.
※ 책 가격은 뒷면에 있습니다.

상담을 원하시거나 아이가 컴퓨터 수업에 참석할 수 없는 경우에 아래 연락처로 미리 연락주시기 바랍니다.

★ 컴퓨터 선생님 성함 : _____   ★ 내 자리 번호 : _____

★ 컴퓨터 교실 전화번호 : _____

★ 나의 컴교실 시간표   요일 : _____   시간 : _____

※ 학생들이 컴퓨터실에 올 때는 컴퓨터 교재와 필기도구를 꼭 챙겨서 올 수 있도록 해 주시고, 인형, 딱지, 휴대폰 등은 컴퓨터 시간에 꺼내지 않도록 지도 바랍니다.

시간표 및 출석 확인란입니다. 꼭 확인하셔서 결석이나 지각이 없도록 협조 바랍니다.

_____ 월

월	화	수	목	금

시간표 및 출석 확인란입니다. 꼭 확인하셔서 결석이나 지각이 없도록 협조 바랍니다.

_____ 월

월	화	수	목	금

시간표 및 출석 확인란입니다. 꼭 확인하셔서 결석이나 지각이 없도록 협조 바랍니다.

_____ 월

월	화	수	목	금

나의 타자 단계

이름 : _____

⭐ 오타 수가 5개를 넘지 않는 친구는 선생님께 확인을 받은 후 다음 단계로 넘어가서 연습합니다.

자리 연습	1단계	2단계	3단계	4단계	5단계	6단계	7단계	8단계
보고 하기								
안 보고 하기								

낱말 연습	1단계	2단계	3단계	4단계	5단계	6단계	7단계	8단계
보고 하기								
안 보고 하기								

자리연습	1번 연습	2번 연습	3번 연습	4번 연습	5번 연습	6번 연습	7번 연습	8번 연습
10개 이상								
20개 이상								
30개 이상								

이 책의 순서

엑셀 2021

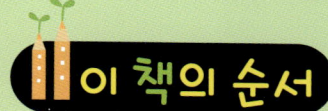

- **01** 데이터 입력하기 ········· 6
- **02** 문서에 기호 입력하기 ········· 10
- **03** 온라인 그림 삽입하기 ········· 14
- **04** 테두리와 셀 서식 지정하기 ········· 18
- **05** 자동 채우기로 데이터 입력하기 ········· 23
- **06** 워크시트 꾸미기 ········· 29
- **07** 데이터 정렬하기 ········· 35
- **08** 조건부 서식 지정하기 ········· 42
- **09** 자동 합계로 계산하기 ········· 48
- **10** 함수 마법사로 계산하기 ········· 53
- **11** 조건으로 결과값 구하기 ········· 59
- **12** 문자 함수 이용하기 ········· 64
- **13** 차트 만들기 ········· 68
- **14** 차트 편집하기 ········· 72
- **15** 필터로 데이터 추출하기 ········· 77
- **16** 부분합 구하기 ········· 83
- 솜씨 어때요? ········· 88

01 데이터 입력하기

학습목표
- 문자와 숫자 데이터를 입력해요.
- 열의 너비를 변경하고 데이터를 저장해요.

▶ 완성 파일 : 01_과자조사_완성.xlsx

미션 1   문자와 숫자 데이터를 입력해 보아요.

① 바탕화면에 있는 Excel()을 더블 클릭하여 프로그램을 실행합니다.

② [B2] 셀을 클릭하여 제목을 입력하고 방향키를 이용하여 나머지 셀에도 그림과 같이 데이터를 입력합니다.

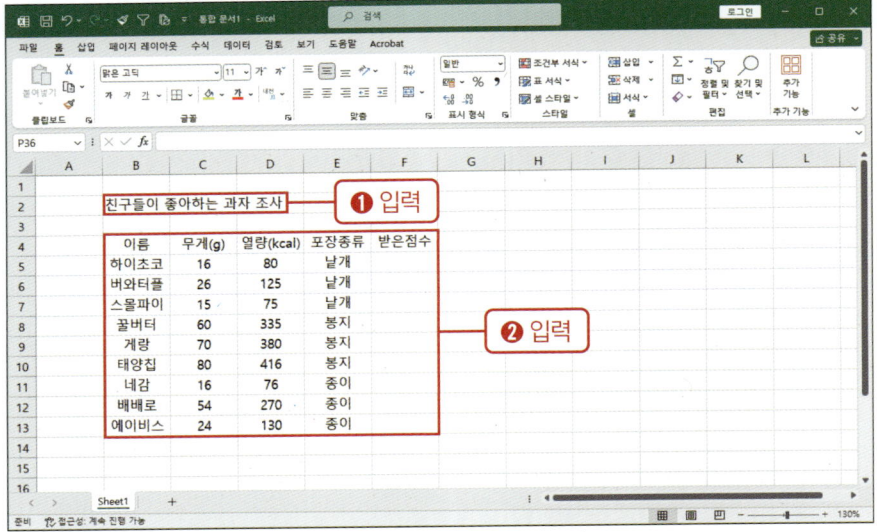

 **열의 너비를 변경하고 데이터를 저장해 보아요.**

❶ [B]열과 [C]열 머리글 경계선에 마우스 포인터를 가져다 대고 마우스 포인터 모양이 좌우 화살표 모양(✢)으로 변경되면 오른쪽으로 드래그하여 [B]열의 너비를 조절합니다.

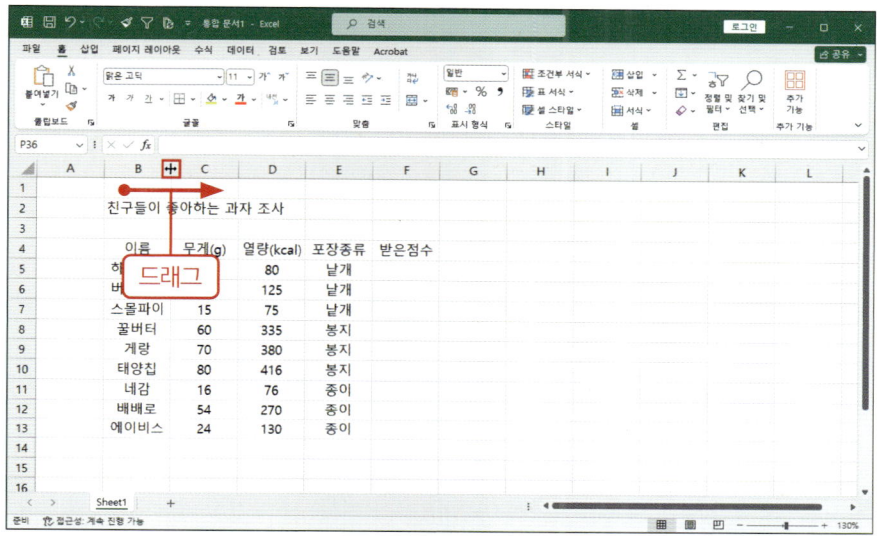

❷ 나머지 열의 너비도 위와 같은 방법으로 변경한 후 [B4] 셀에서 [F13] 셀까지 드래그하여 영역을 지정한 후 [홈] 탭-[맞춤] 그룹-[가운데 맞춤(≡)]을 클릭합니다.

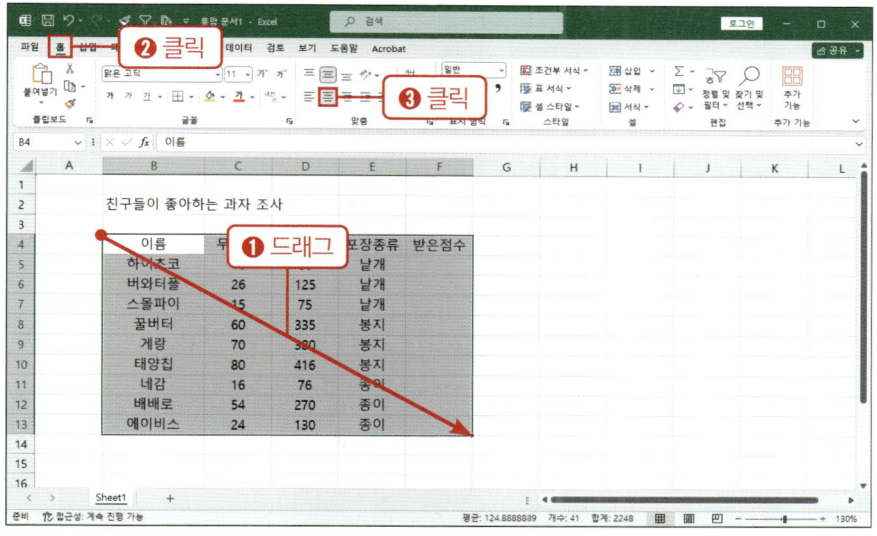

❸ [파일] 탭을 클릭하고 [다른 이름으로 저장]-[찾아보기(📁)] 메뉴를 클릭하여 [다른 이름으로 저장] 대화상자가 나타나면 저장 위치를 지정한 후 파일 이름을 '과자조사'로 입력하고 [저장] 버튼을 클릭합니다.

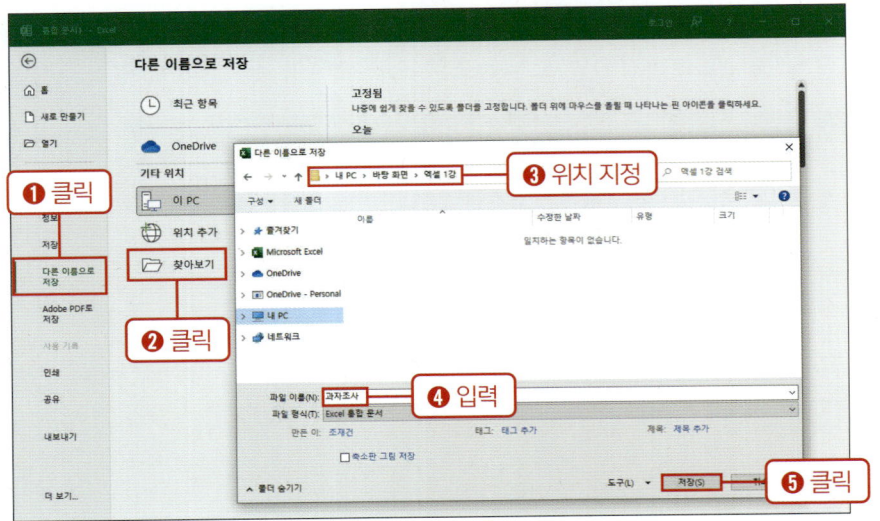

❹ [창 제목 표시줄]에 저장한 '과자조사' 파일 이름이 표시되는 것을 확인한 후 [닫기(❎)] 버튼을 클릭하여 Excel 프로그램을 종료합니다.

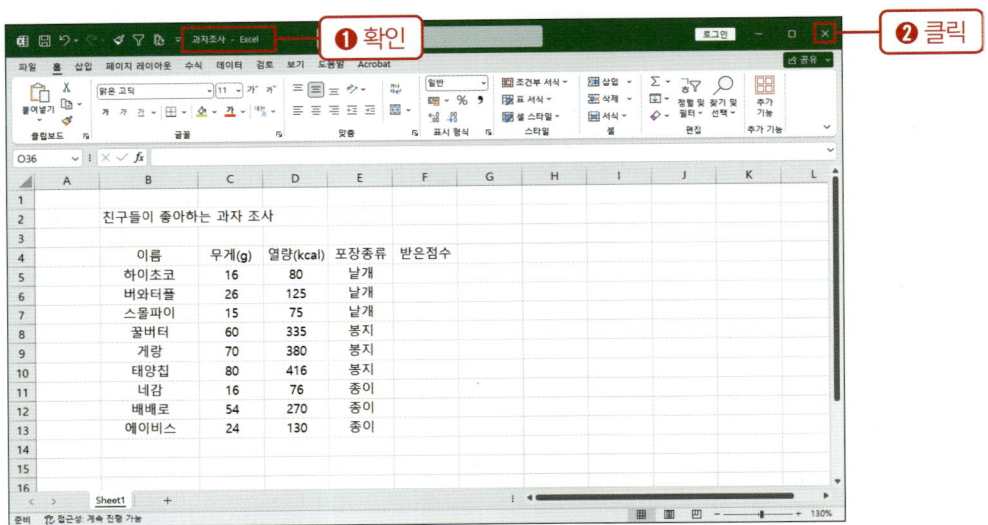

혼자 할 수 있어요!

01 다음과 같이 데이터를 입력한 후 열의 너비를 변경하고 '영화조사.xlsx'로 저장해 보세요.

• 완성 파일 : 01_영화조사_완성.xlsx

	A	B	C	D	E	F	G	H
1								
2		초등학생이 좋아하는 영화 장르 조사						
3								
4		영화 장르	장르 설명	저학년	고학년			
5		SF	공상 과학을 주제로 한 영화	8%	6%			
6		판타지	현실에서는 있을 수 없는 줄거리의 영화	16%	15%			
7		애니메이션	만화로 만들어진 영화	67%	22%			
8		액션	물리적 파괴성이 가미된 영화	7%	50%			
9		기타	코미디, 스릴러, 뮤지컬 등의 영화	2%	7%			

02 다음과 같이 데이터를 입력한 후 열의 너비를 변경하고 '그림책구경.xlsx'로 저장해 보세요.

• 완성 파일 : 01_그램책구경_완성.xlsx

	A	B	C	D	E	F	G	H	I
1									
2		엄마와 함께하는 그림책 구경							
3									
4		도서관	일정	주제	참가인원				
5		중앙도서관	5월 30일	돌멩이를 이용한 놀이	20				
6		해솔도서관	4월 28일	종이접기를 활용한 책 놀이	15				
7		교우도서관	5월 5일	액자, 아기책 만들기	20				
8		참새도서관	5월 12일	보들보들 천으로 책 만들기	10				
9		꿈터도서관	5월 5일	영유아 발달 책놀이	20				
10		햇살도서관	4월 20일	뇌가 좋은 아이	15				
11		꿈날개도서관	5월 8일	우리 아이 감성 키우기	20				
12		행복도서관	5월 20일	다문화 가정의 이해	20				

02 문서에 기호 입력하기

학습목표

- 저장된 파일을 열고 기호를 입력해요.
- 기호 대화상자에서 기호를 입력해요.

▶ 예제 파일 : 02_과자조사.xlsx
▶ 완성 파일 : 02_과자조사_완성.xlsx

미션 1 저장된 파일을 열어 기호를 입력해 보아요.

❶ 바탕화면에 있는 Excel(📗)을 더블 클릭하여 프로그램을 실행합니다.

❷ Excel 프로그램이 실행되면 [열기]-[찾아보기(📁)] 메뉴를 클릭하고 [열기] 대화상자에서 '02_과자조사.xlsx' 파일을 선택한 후 [열기] 버튼을 클릭합니다.

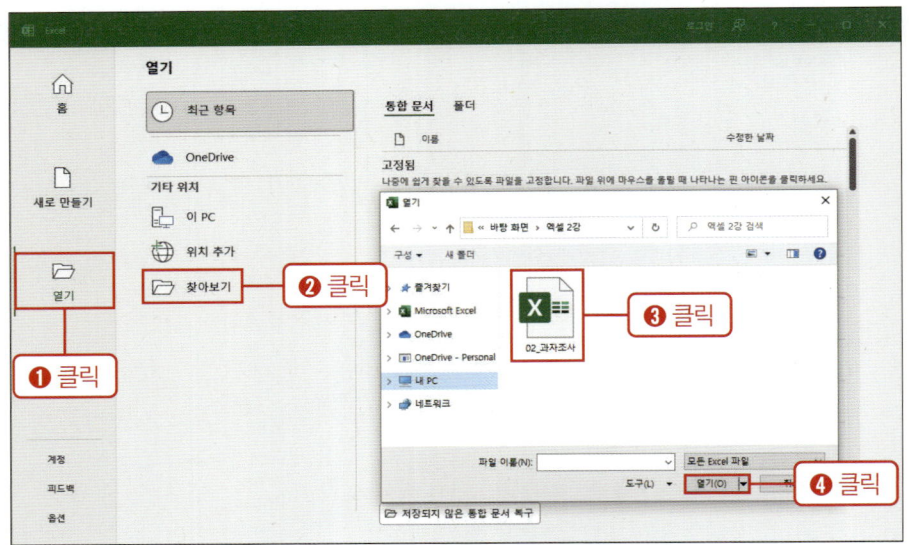

3 [F5] 셀을 클릭한 후, 한글 자음 'ㅁ'을 입력하고 한자 를 누릅니다. 이어서 별 모양(★) 기호를 클릭하여 셀에 삽입합니다.

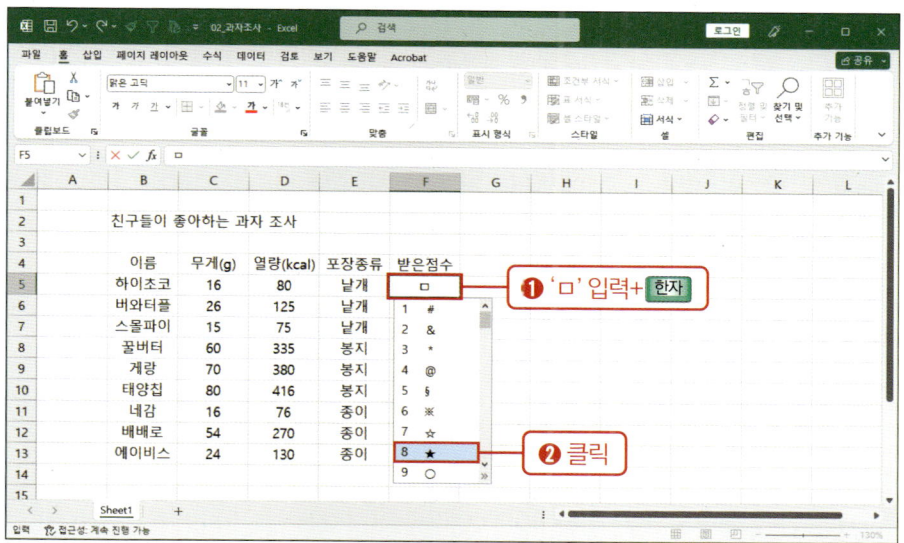

4 별 모양(★) 기호를 아래의 그림과 같이 삽입하여 문서를 완성합니다.

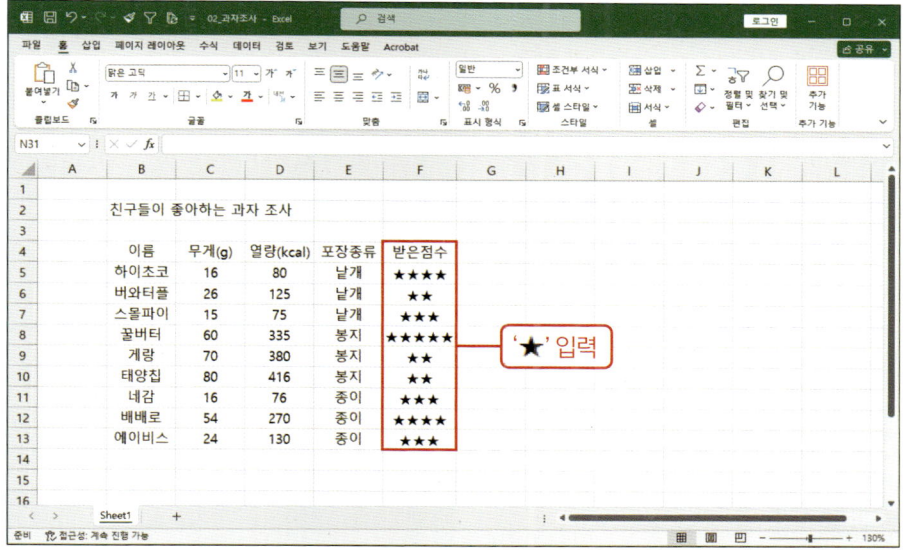

 **미션 2** 기호 대화상자에서 기호를 입력해 보아요.

❶ [B7] 셀을 선택한 후 [수식 입력줄]에서 문자 뒤를 클릭한 다음 커서가 깜박이면 [삽입] 탭-[기호] 그룹-[기호(Ω)]를 클릭합니다.

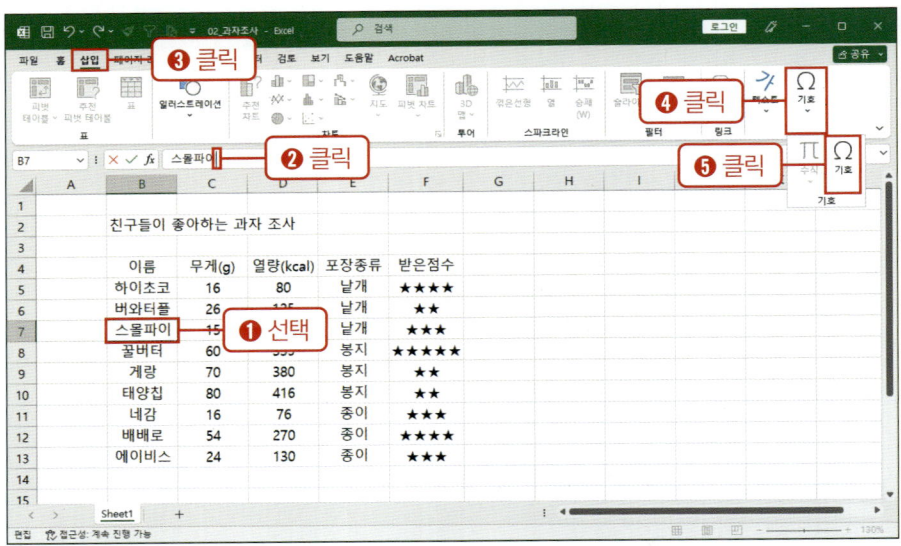

❷ [기호] 대화상자가 나타나면 글꼴을 'Wingdings'로 선택하고 그림과 같은 기호를 선택한 후 [삽입] 버튼을 클릭합니다.

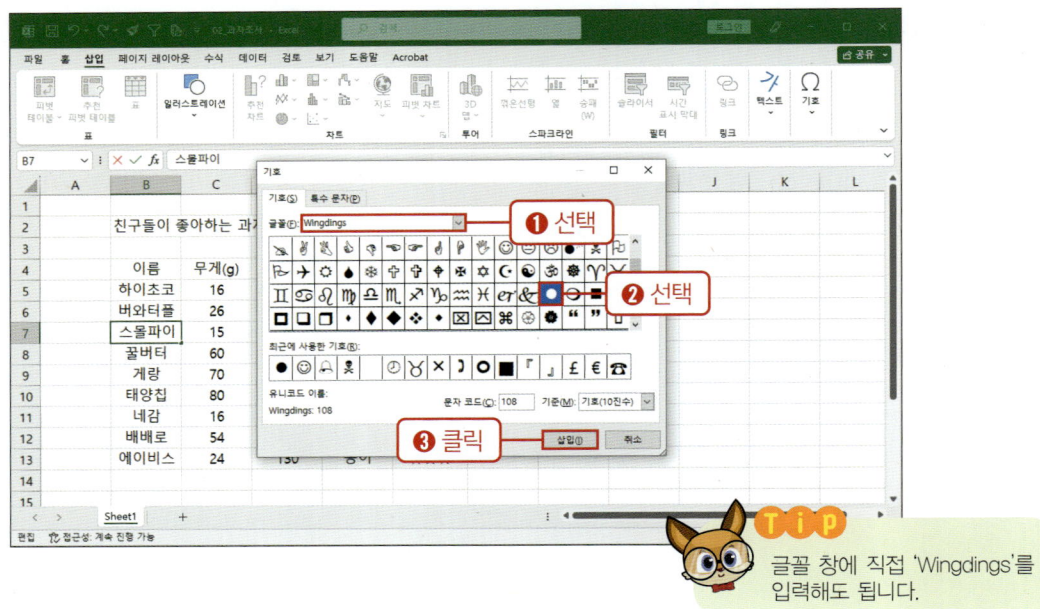

> **Tip**
> 글꼴 창에 직접 'Wingdings'를 입력해도 됩니다.

혼자 할 수 있어요!

01 예제 파일을 불러온 다음 한글 자음 'ㅇ'을 이용하여 그림과 같이 기호를 입력해 보세요.

• 예제 파일 : 02_수업알람.xlsx
• 완성 파일 : 02_수업알람_완성.xlsx

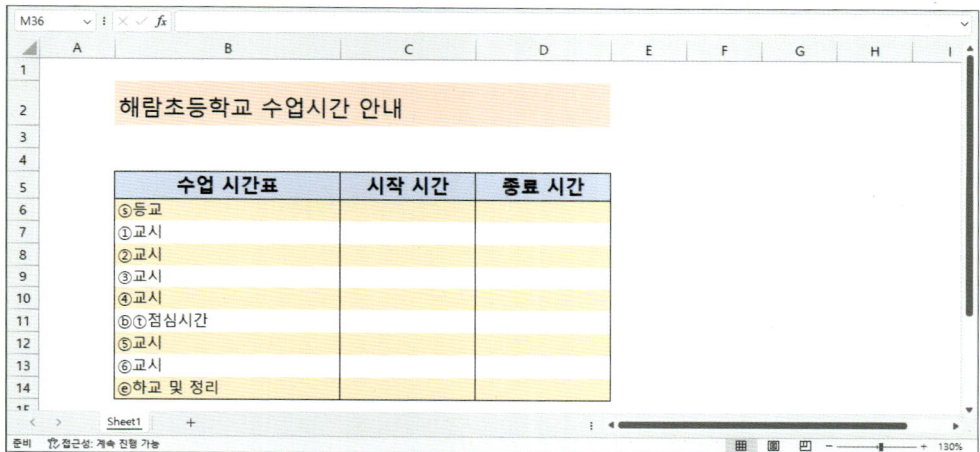

02 예제 파일을 불러와 [기호] 대화상자를 이용하여 그림과 같이 기호를 입력해 보세요.

• 예제 파일 : 02_규칙.xlsx
• 완성 파일 : 02_규칙_완성.xlsx

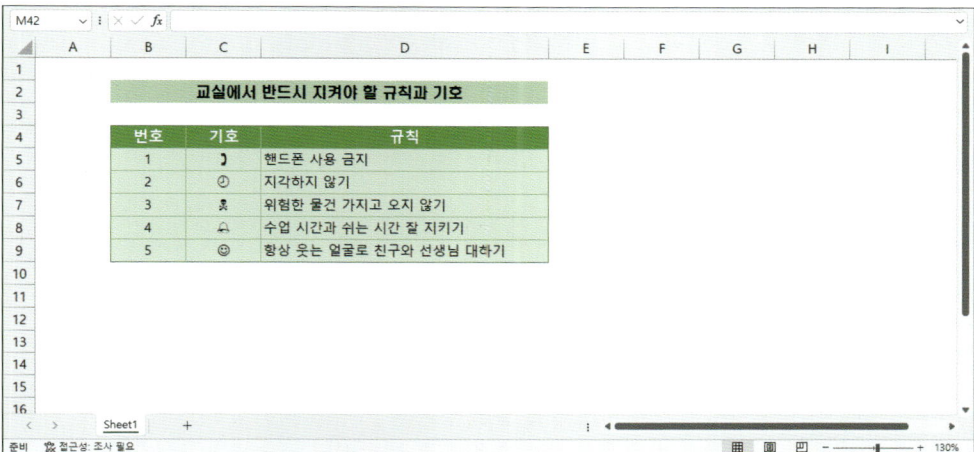

03 온라인 그림 삽입하기

학습목표

• 셀을 병합하고 글자 서식을 지정해요.
• 온라인 그림을 검색하여 삽입해요.

▶ 예제 파일 : 03_과자조사.xlsx
▶ 완성 파일 : 03_과자조사_완성.xlsx

미션 1   셀을 병합하고 글자 서식을 지정해 보아요.

❶ 바탕화면에 있는 [Excel()]을 더블 클릭하여 프로그램을 실행합니다.

❷ Excel 프로그램이 실행되면 [열기]-[찾아보기(📁)] 메뉴를 클릭하고 [열기] 대화상자에서 '03_과자조사.xlsx' 파일을 선택한 후 [열기] 버튼을 클릭합니다.

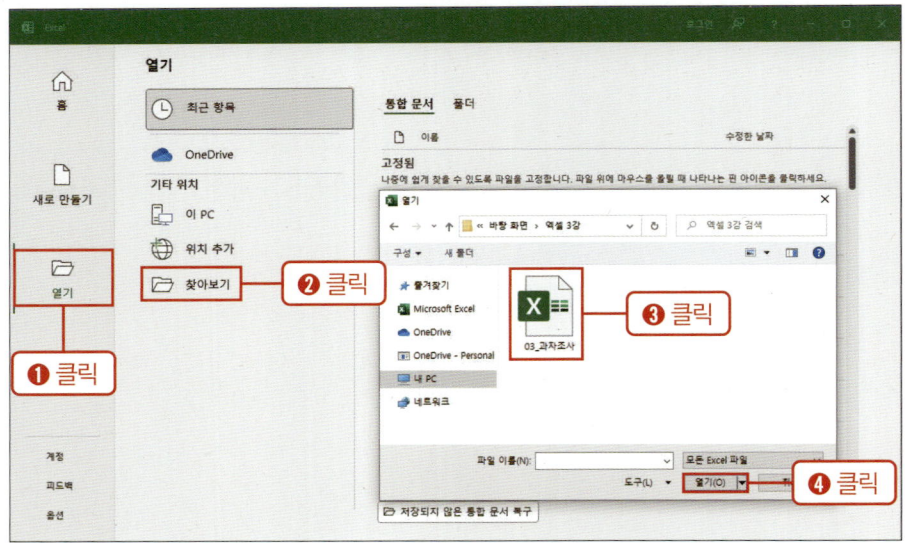

❸ '03_과자조사.xlsx' 파일을 열고 [B2:F2] 셀을 영역 지정한 후 [홈] 탭-[맞춤] 그룹-[병합하고 가운데 맞춤(🖽)]을 클릭합니다. 만약 그림과 같은 창이 나타나면 [확인] 버튼을 클릭합니다. 이어서 [B5:B7] 셀, [B8:B10] 셀, [B11:B13] 셀도 동일하게 [병합하고 가운데 맞춤(🖽)]을 클릭합니다.

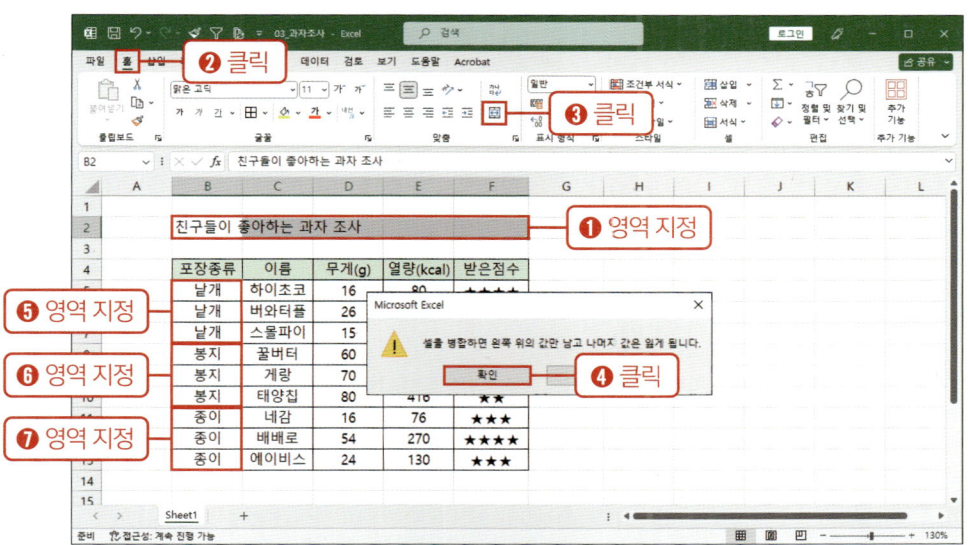

❹ 셀을 병합한 후 그림과 같이 채우기 색과 글꼴과 글꼴 색과 크기를 변경해줍니다.

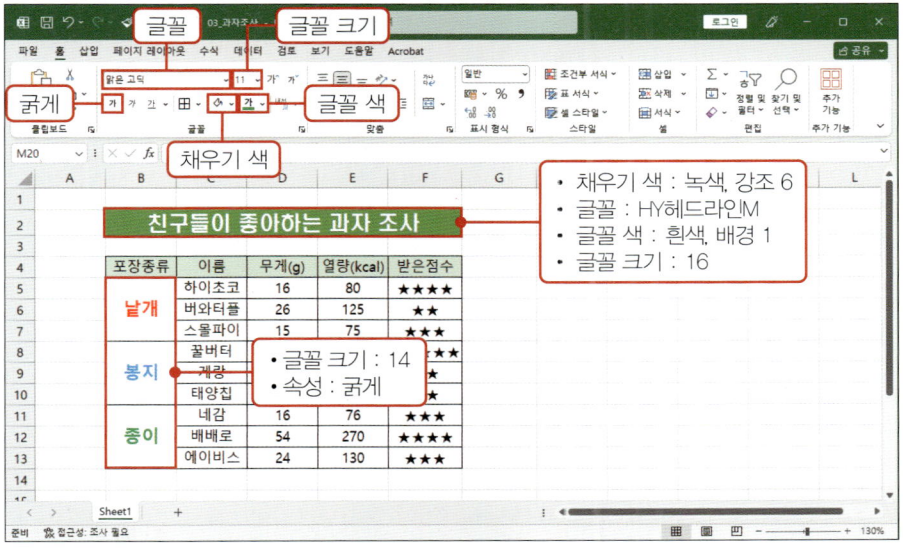

미션 2 온라인 그림을 삽입해 보아요.

❶ [삽입] 탭-[일러스트레이션] 그룹-[그림(🖼)]-[온라인그림(🖼)]을 클릭하고 [온라인 그림] 대화상자가 나타나면 검색창에 '과자 그림'을 입력하여 검색합니다.

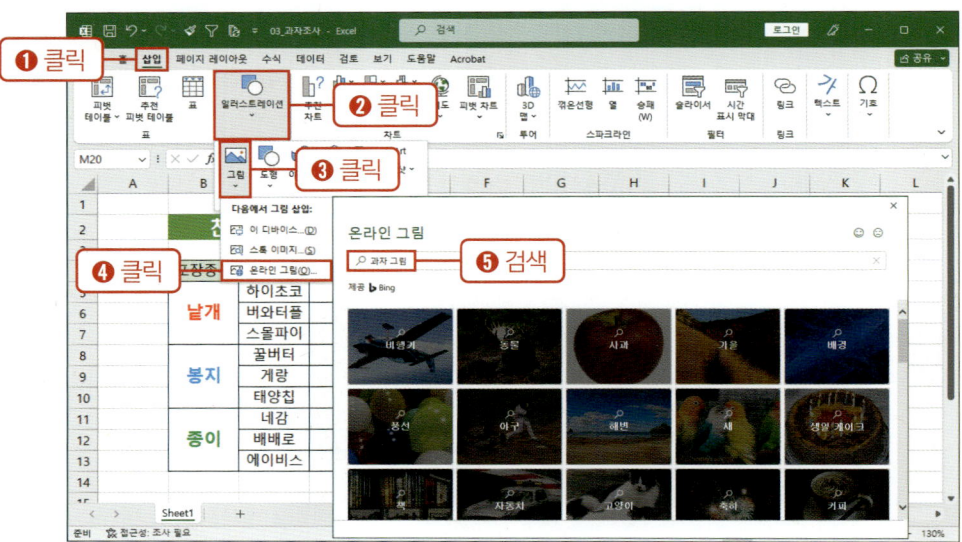

❷ 검색 결과가 나타나면 원하는 그림을 선택하고 [삽입] 버튼을 클릭합니다. 그리고 개체가 나타나면 그림과 같이 위치와 크기를 조절합니다.

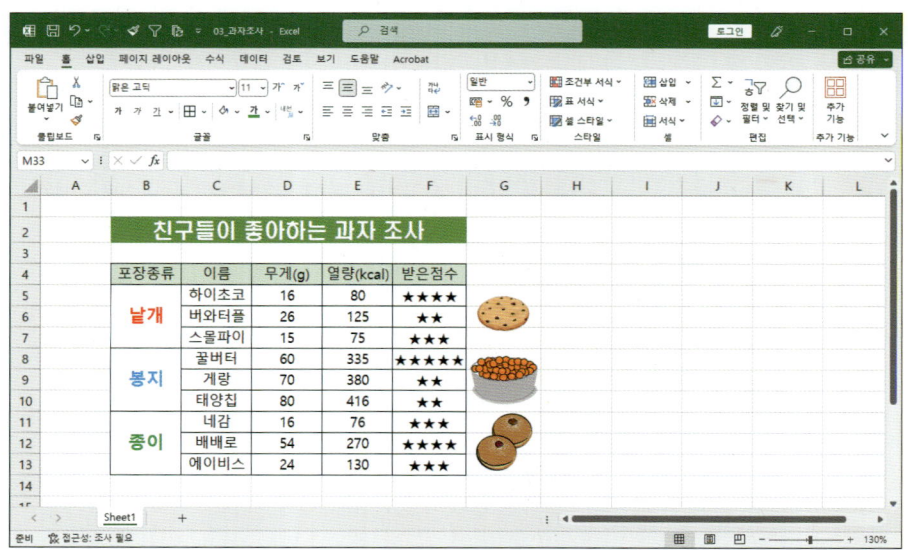

03   혼자 할 수 있어요!

01 예제 파일을 불러와 셀 병합과 온라인 그림 삽입을 이용하여 그림과 같은 문서를 완성해 보세요.

• 예제 파일 : 03_좋아하는 동물.xlsx
• 완성 파일 : 03_좋아하는 동물_완성.xlsx

02 예제 파일을 불러와 셀 병합과 온라인 그림 삽입을 이용하여 그림과 같은 문서를 완성해 보세요.

• 예제 파일 : 03_독서감상문.xlsx
• 완성 파일 : 03_독서감상문_완성.xlsx

04 테두리와 셀 서식 지정하기

학습목표

- 테두리 서식을 지정해요.
- 채우기 색을 지정해요.

▶ 예제 파일 : 04_위인독서법.xlsx
▶ 완성 파일 : 04_위인독서법_완성.xlsx

미션 1 테두리 서식을 지정해 보아요.

❶ 바탕화면에 있는 [Excel()]을 더블 클릭하여 프로그램을 실행합니다.

❷ '04_위인독서법.xlsx' 파일을 열어서 [B2:F2] 셀을 선택한 후 [홈] 탭-[맞춤] 그룹-[병합하고 가운데 맞춤()]을 클릭하고 그림과 같이 '크기'와 '맞춤'을 지정합니다.

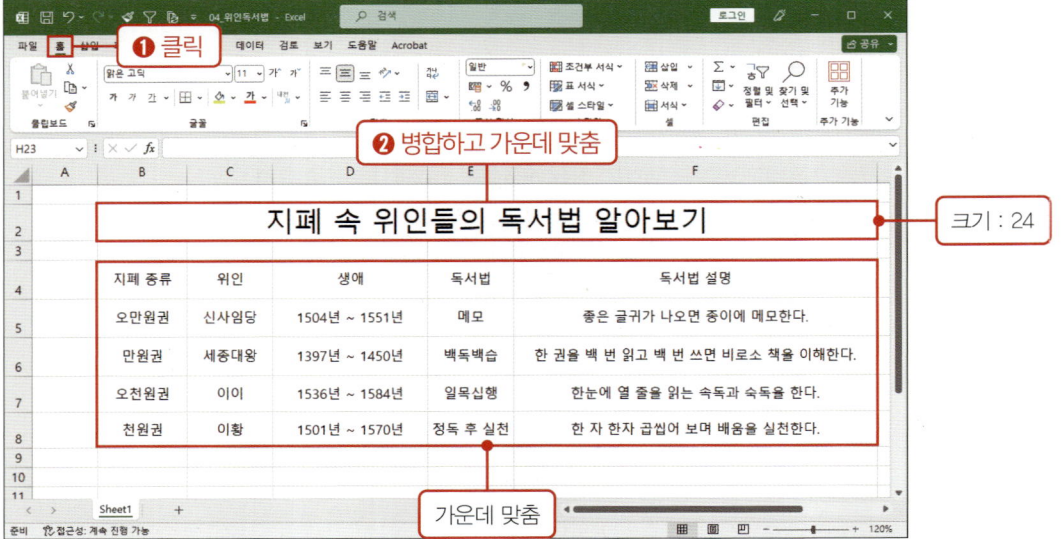

③ [B2:F2] 셀을 선택한 후 [홈] 탭-[글꼴] 그룹-[테두리]-[선 색]-[청회색, 텍스트 2]를 클릭합니다.

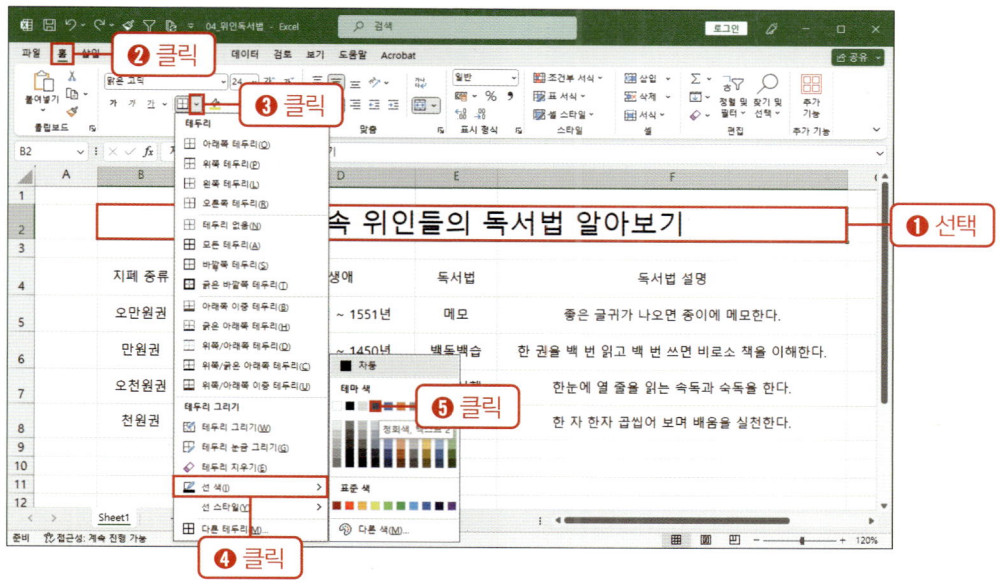

④ 이어서 마우스 포인터 모양이 ' ' 모양으로 나타나면 마우스 왼쪽 버튼을 클릭한 채로 [B2:F2] 셀의 테두리 부분을 그려줍니다.

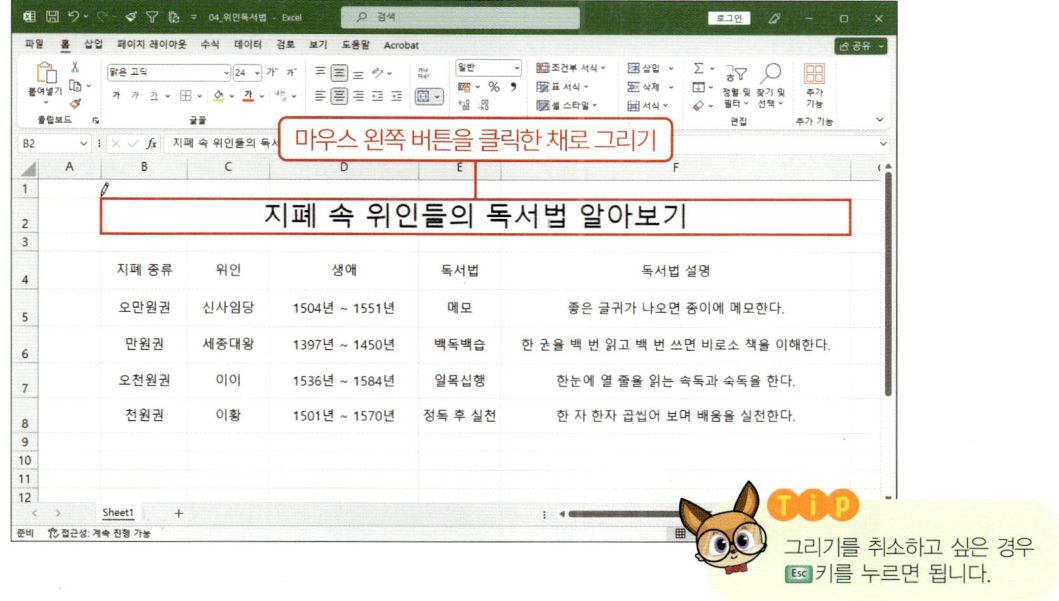

Tip 그리기를 취소하고 싶은 경우 Esc 키를 누르면 됩니다.

❺ [B4:F8] 셀을 선택한 후 [모든 테두리]를 클릭하여 선택한 셀 전체에 테두리가 표시되는 것을 확인합니다.

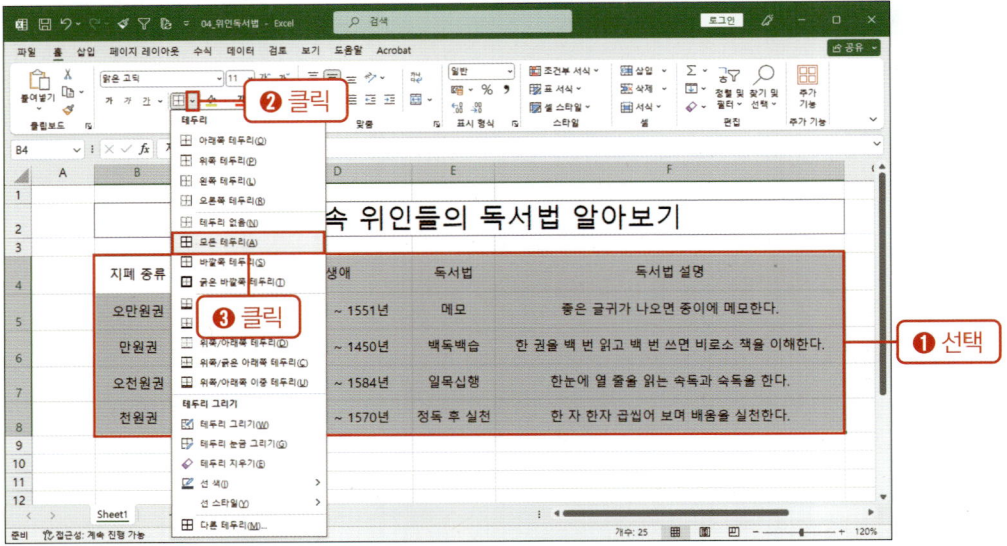

❻ [B4:F4] 셀을 선택한 후 [아래쪽 이중 테두리]를 클릭하여 제목 아래에 이중 테두리가 표시되는 것을 확인합니다.

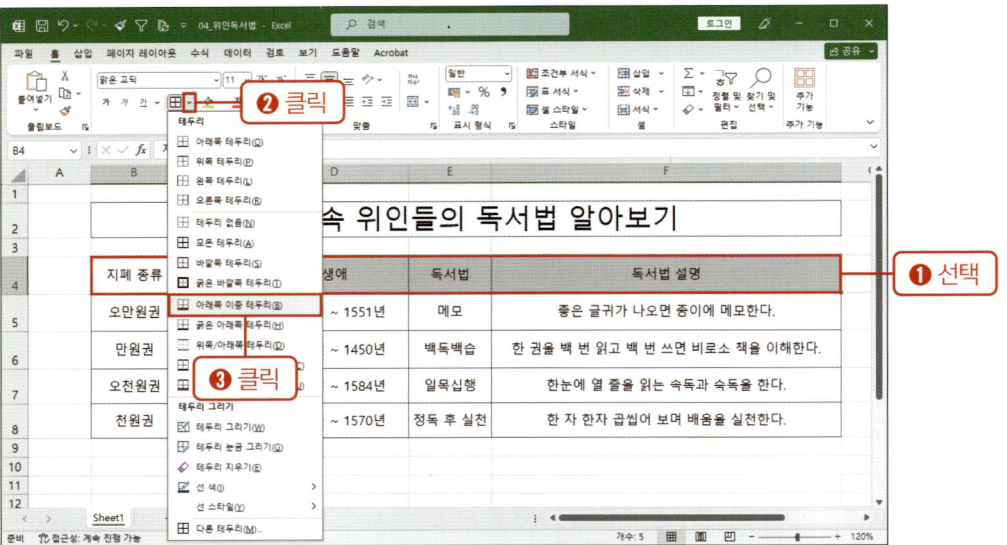

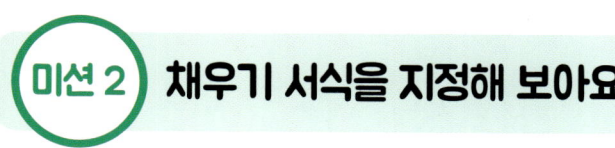

① [B2:F2] 셀을 선택한 후 [홈] 탭-[글꼴] 그룹-[채우기 색]-[연한 파랑]을 선택합니다.

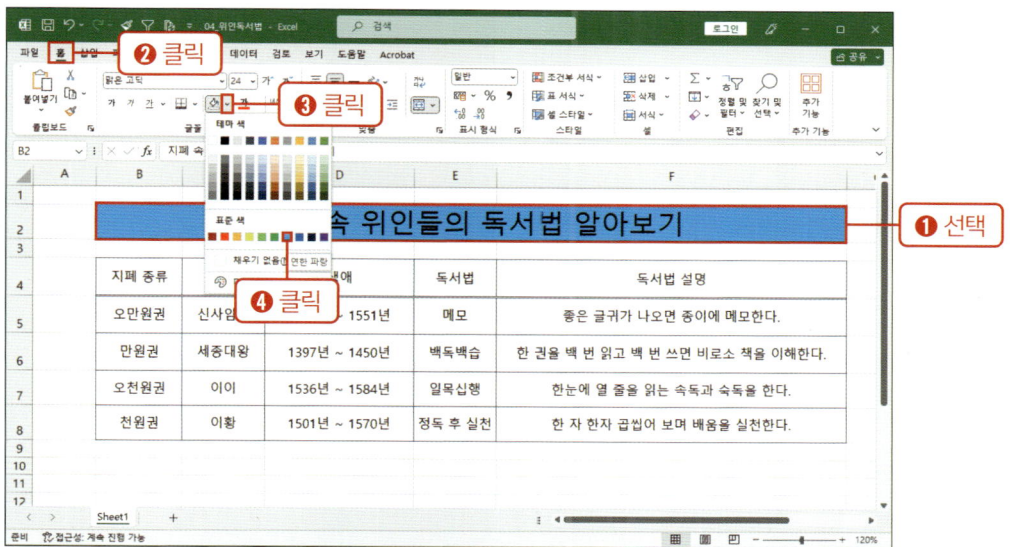

② Ctrl 을 누른 상태로 [B4:F4], [B6:F6], [B8:F8] 셀을 선택한 후 [채우기 색]-[파랑, 강조 1, 80% 더 밝게]를 선택하고 결과를 확인합니다.

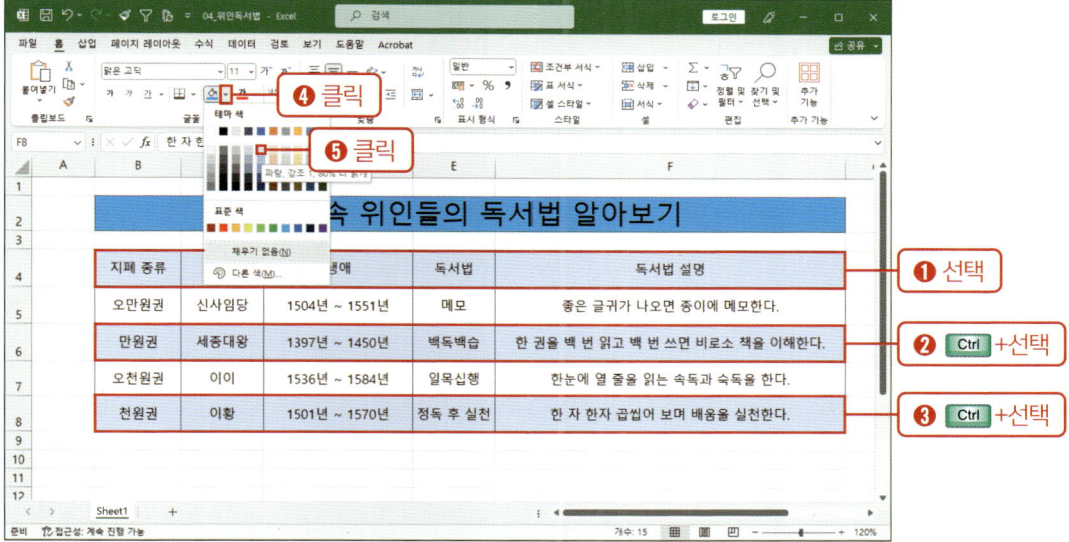

04 혼자 할 수 있어요!

• 예제 파일 : 04_독서왕.xlsx
• 완성 파일 : 04_독서왕_완성.xlsx

01 예제 파일을 불러와 테두리 서식을 이용하여 그림과 같이 완성해 보세요.

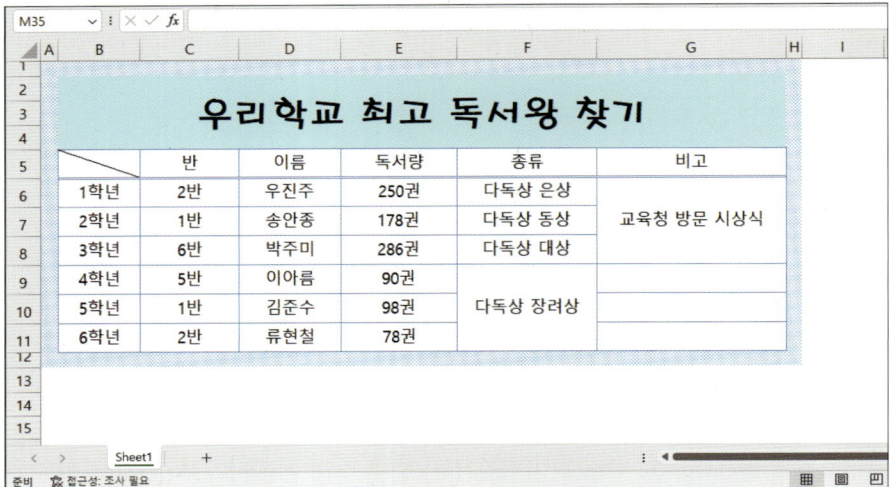

02 여러 가지 채우기 색을 이용하여 그림과 같이 완성해 보세요.

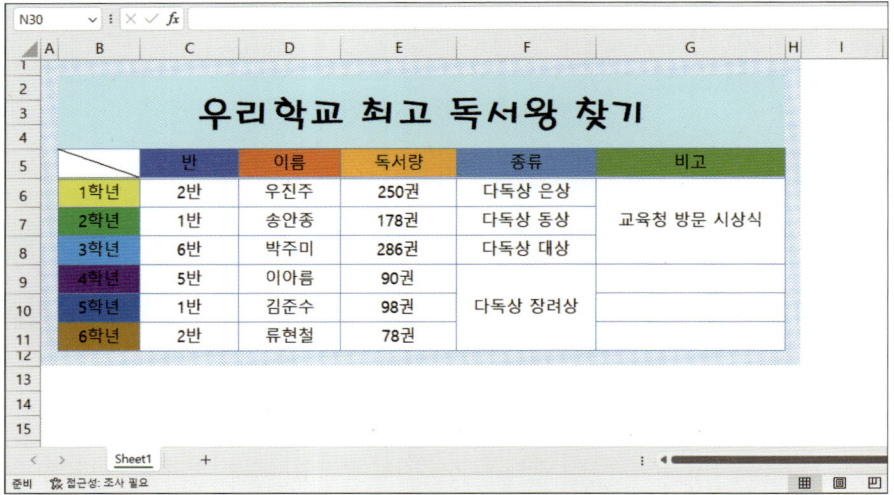

05 자동 채우기로 데이터 입력하기

학습목표

• 자동 채우기로 데이터를 입력해요.
• 그림을 삽입하고 그림 효과를 적용해요.

▶ 예제 파일 : 05_쓰레기줍기.xlsx, 분리수거.png
▶ 완성 파일 : 05_쓰레기줍기_완성.xlsx

미션 1 자동 채우기로 데이터를 입력해 보아요.

① 바탕화면에 있는 [Excel()]을 더블 클릭하여 프로그램을 실행합니다.

② '05_쓰레기줍기.xlsx' 파일을 열어서 [C4] 셀과 [B5] 셀의 서식을 그림과 같이 각각 지정합니다.

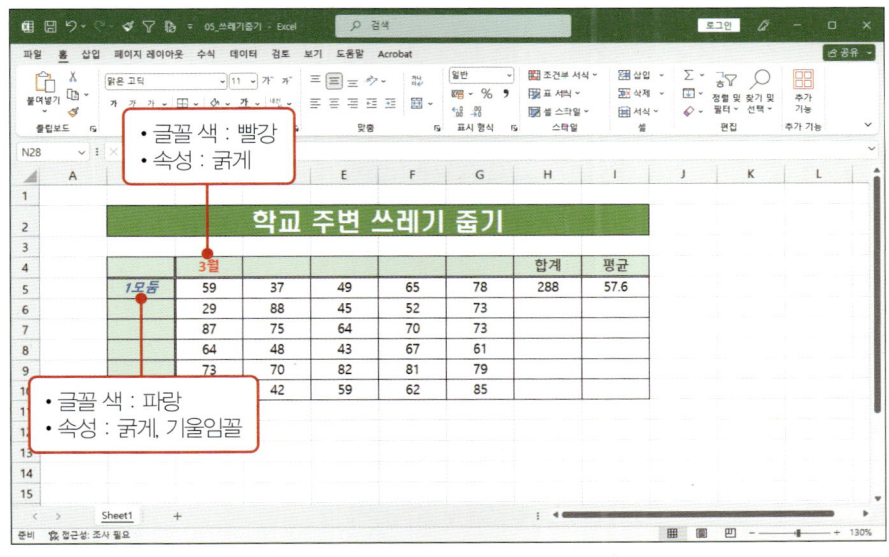

05 • 자동 채우기로 데이터 입력하기 23

❸ [C4] 셀을 선택한 후 오른쪽 아래 모서리의 채우기 핸들에 마우스를 가져다 대고 마우스 포인터의 모양이 변경되면 [G4] 셀까지 드래그하여 빈칸을 채웁니다.

❹ [B5] 셀을 선택하고 채우기 핸들을 마우스 오른쪽 버튼을 클릭한 상태로 [B10] 셀까지 드래그한 후 바로가기 메뉴가 나타나면 [서식 없이 채우기]를 클릭합니다.

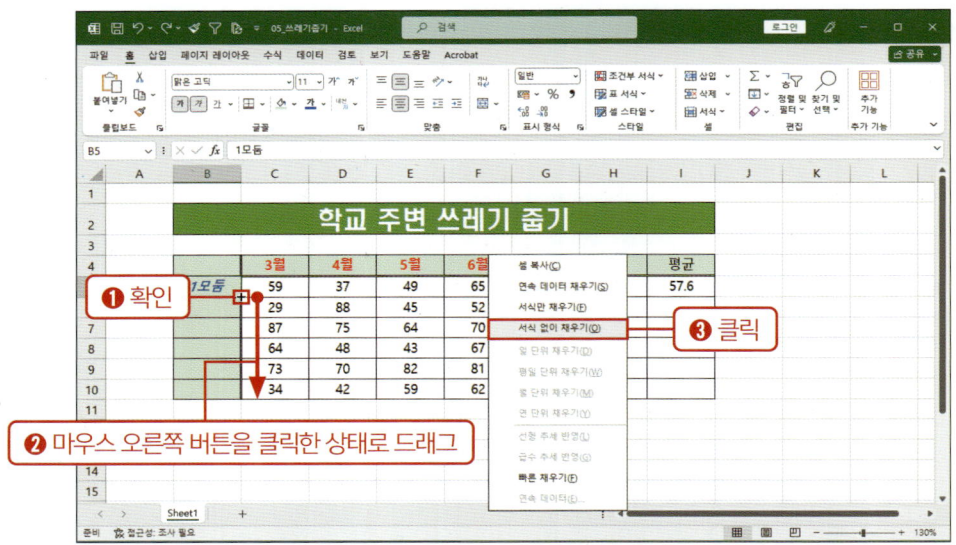

5 [H5:I5] 셀을 선택한 후 채우기 핸들을 [I10] 셀까지 드래그하여 '합계'와 '평균'값이 각각 자동으로 계산되어 채워지는 것을 확인합니다.

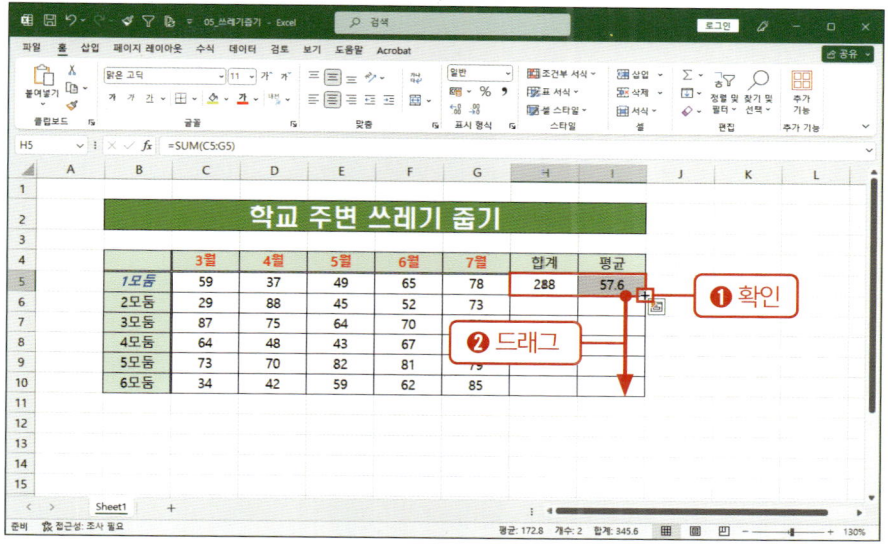

6 [B5] 셀을 선택하고 채우기 핸들을 마우스 오른쪽 버튼을 클릭한 상태로 [I5] 셀까지 드래그한 후 바로가기 메뉴가 나타나면 [서식만 채우기]를 클릭하고 결과를 확인합니다.

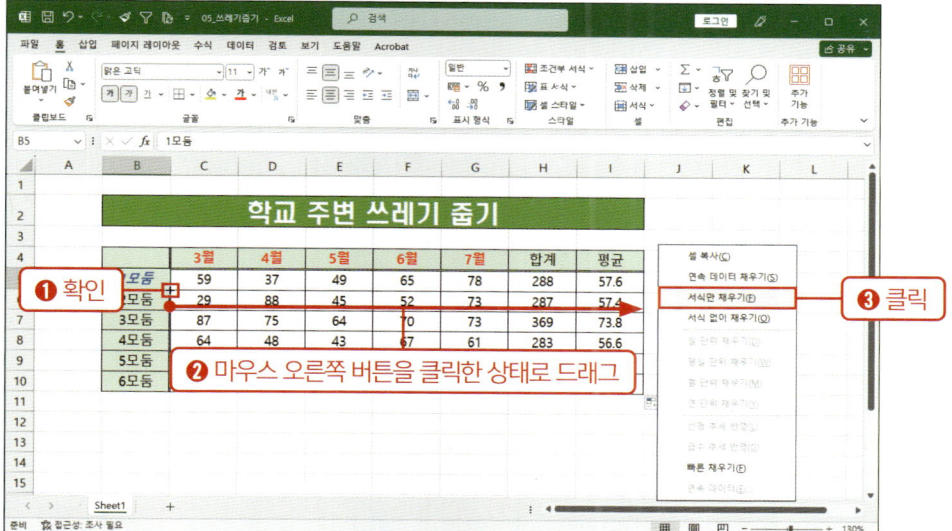

 **미션 2** 그림을 삽입하고 꾸며 보아요.

① [삽입] 탭-[일러스트레이션] 그룹-[그림(🖼)]-[이 디바이스(🖼)]를 클릭하여 [그림 삽입] 대화 상자가 나타나면 '분리수거.png' 파일을 선택하고 [삽입] 버튼을 클릭합니다.

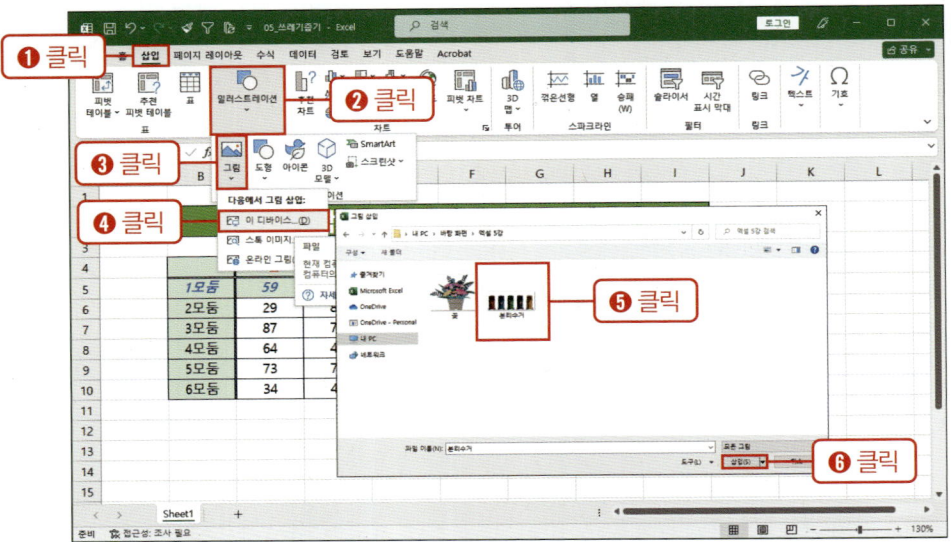

② 워크시트에 그림이 삽입되면 그림을 선택한 후 [그림 서식] 탭-[조정] 그룹에서 [색(🖼)]-[녹색, 어두운 강조색 6]을 선택합니다.

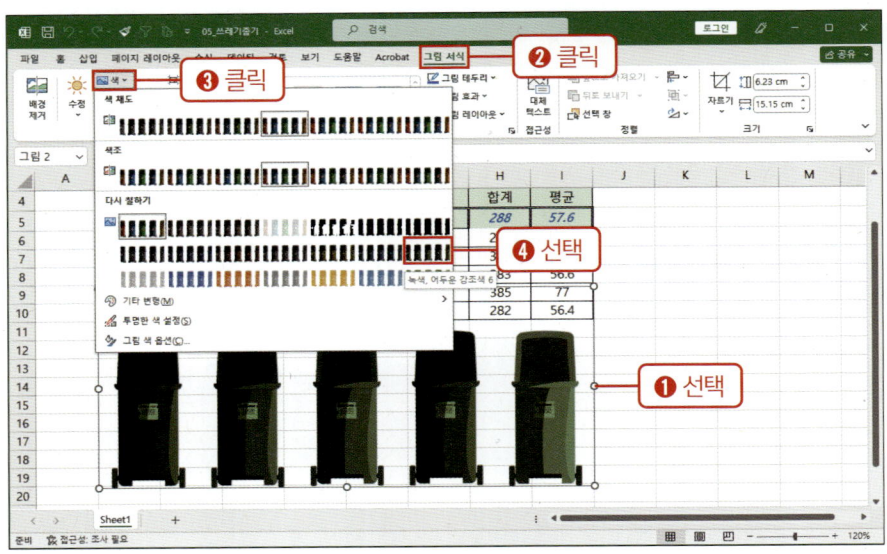

❸ 이어서 [꾸밈 효과]-[플라스틱 워프]를 선택하여 그림에 효과가 적용된 것을 확인합니다.

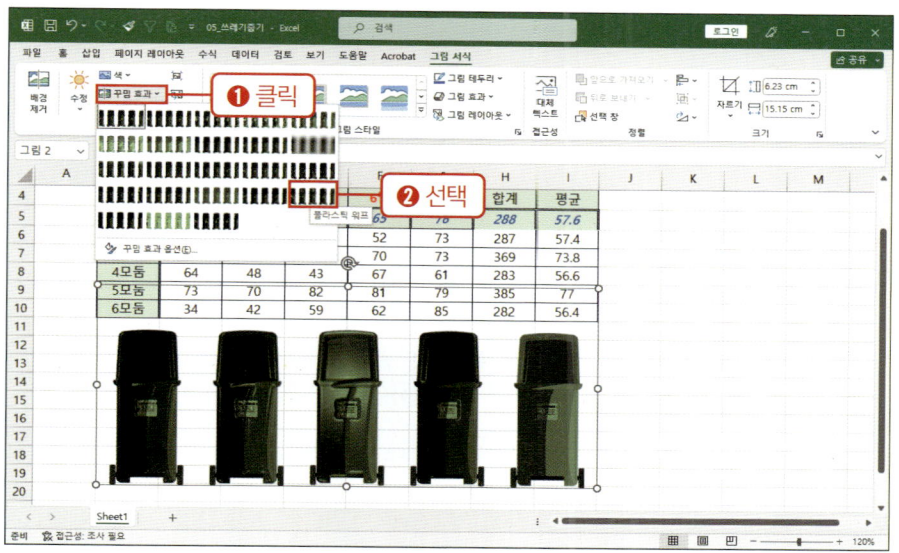

❹ [그림 서식] 탭-[그림 스타일] 그룹-[그림 효과]-[네온]-[네온: 8pt, 녹색, 강조색 6]을 클릭하여 효과가 적용된 것을 확인합니다. 이어서 그림의 크기와 위치를 조절합니다.

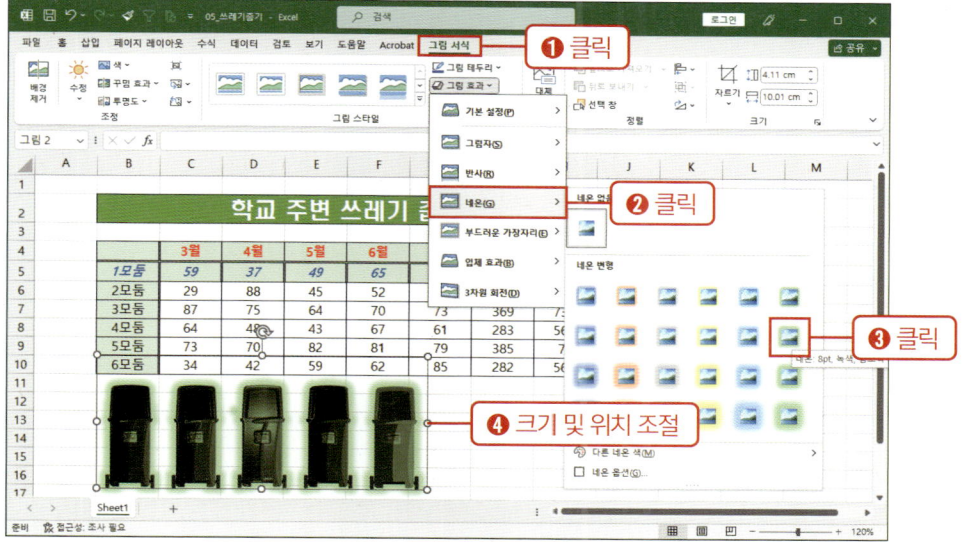

혼자 할 수 있어요!

• 예제 파일 : 05_달력.xlsx, 꽃.png
• 완성 파일 : 05_달력_완성.xlsx

01 예제 파일을 불러와 채우기 핸들을 이용하여 그림과 같이 데이터를 입력해 보세요.

- 서식 없이 채우기
- 연속 데이터 채우기

02 그림 파일을 삽입한 후 여러 가지 효과를 적용하여 그림과 같이 꾸며 보세요.

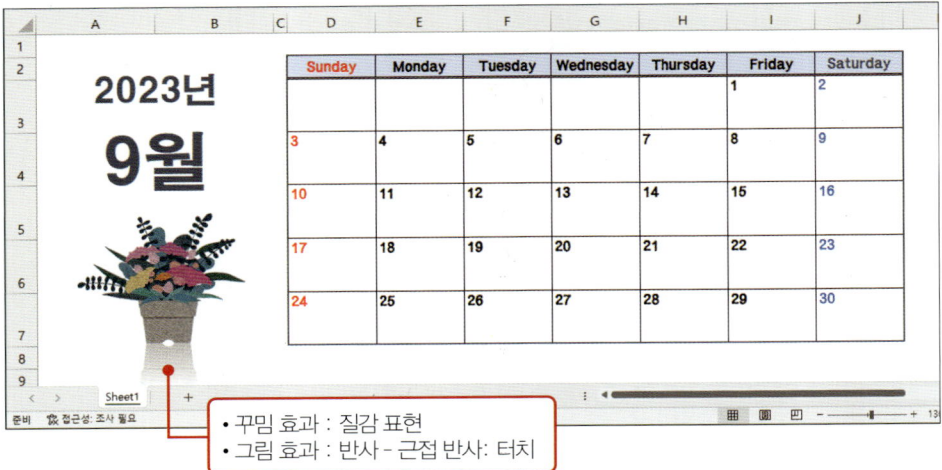

- 꾸밈 효과 : 질감 표현
- 그림 효과 : 반사 – 근접 반사: 터치

06 워크시트 꾸미기

학습목표

- 워크시트의 이름과 탭 색을 변경해요.
- 워크시트를 복사해요.

▶ 예제 파일 : 06_친환경실천.xlsx
▶ 완성 파일 : 06_친환경실천_완성.xlsx

미션 1) 워크시트 이름과 탭 색을 변경해 보아요.

① 바탕화면에 있는 [Excel(🇽)]을 더블 클릭하여 프로그램을 실행합니다.

② '06_친환경실천.xlsx' 파일을 열어서 그림과 같이 서식을 지정합니다.

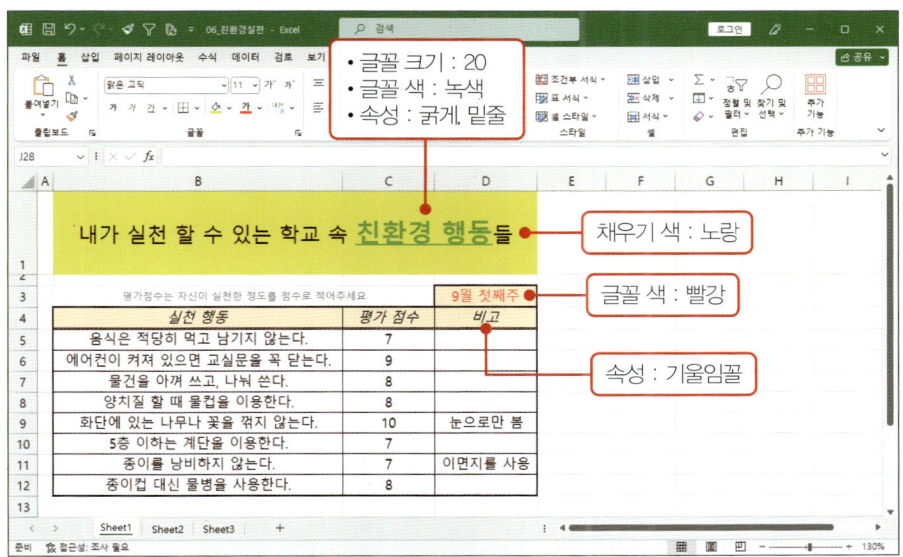

06 • 워크시트 꾸미기 **29**

❸ [Sheet1] 시트 탭을 더블 클릭하여 이름을 수정할 수 있는 상태로 변경되면 이름을 '9월 첫째주'로 입력하고 Enter 를 눌러 결과를 확인합니다.

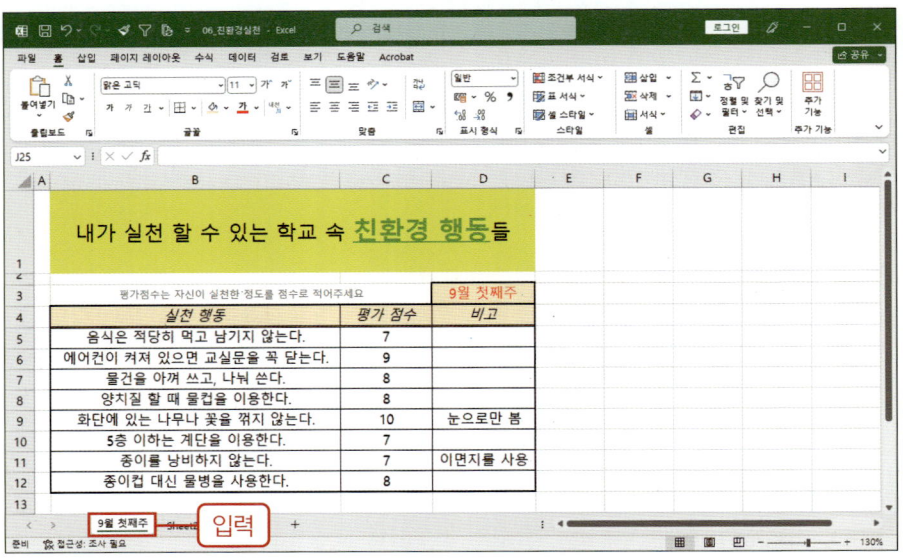

❹ [9월 첫째주] 시트 탭을 마우스 오른쪽 버튼으로 클릭한 후 [탭 색]을 클릭하고 '녹색'을 선택하여 탭 색이 변경되는 것을 확인합니다.

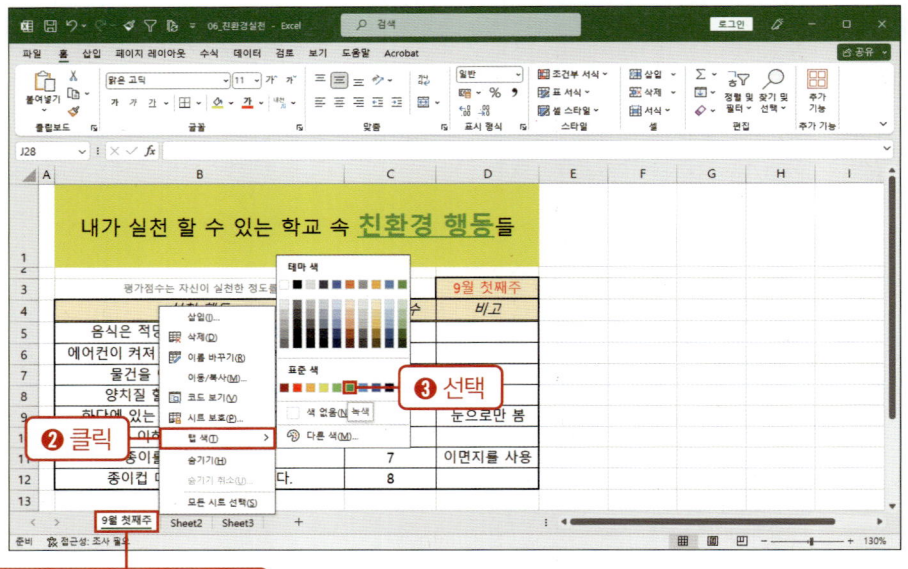

5 [Sheet2] 시트 탭을 클릭한 후 Ctrl 을 누른 상태로 [Sheet3] 시트 탭을 클릭하여 2개의 시트가 함께 선택되면 [창 제목 표시줄]에 '[그룹]'이 표시되는 것을 확인합니다.

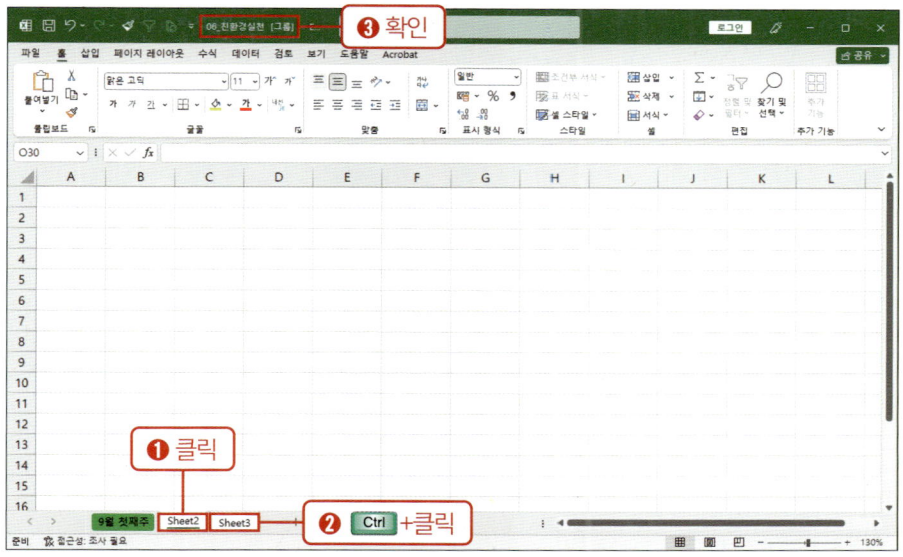

6 [Sheet2]나 [Sheet3] 시트 탭을 마우스 오른쪽 버튼으로 클릭하고 바로가기 메뉴가 나타나면 [삭제]를 클릭하여 선택한 2개의 시트가 삭제되는 것을 확인합니다.

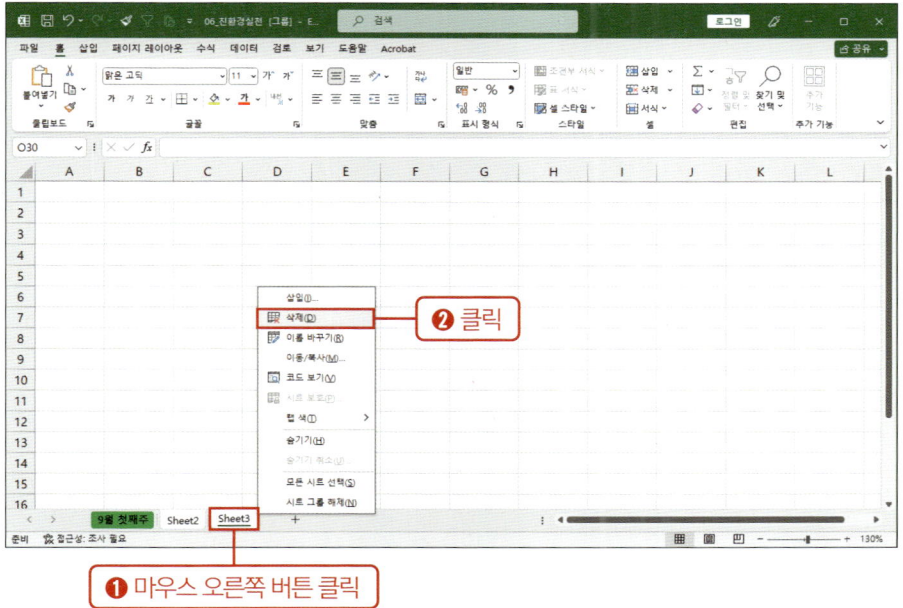

미션 2 워크시트를 복사해 보아요.

❶ [9월 첫째주] 시트 탭을 클릭한 후 Ctrl 을 누른 상태로 오른쪽으로 드래그하여 시트를 복사합니다.

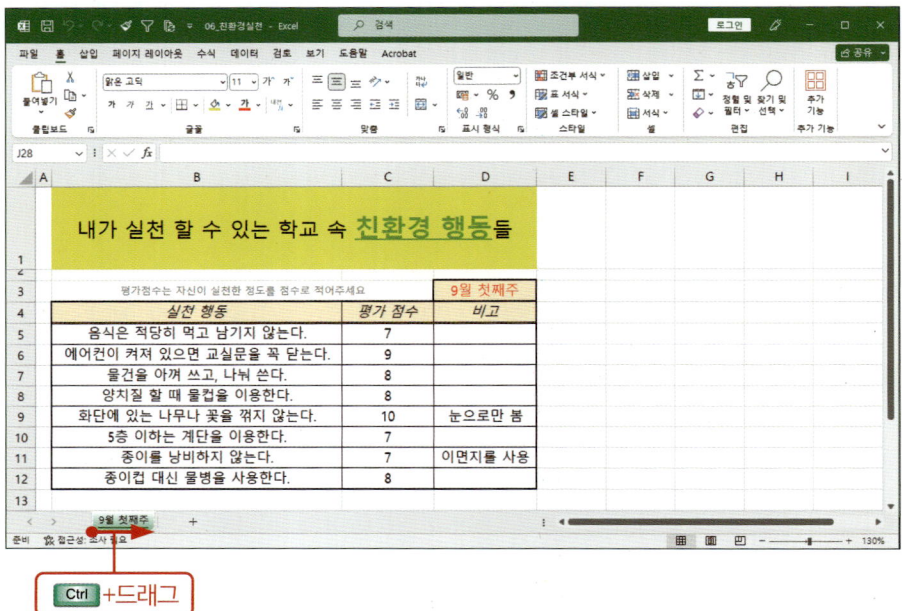

❷ [9월 첫째주 (2)] 시트가 표시되면 시트 탭을 더블 클릭하여 그림과 같이 이름을 변경하고 탭의 색상을 '파랑'으로 변경합니다.

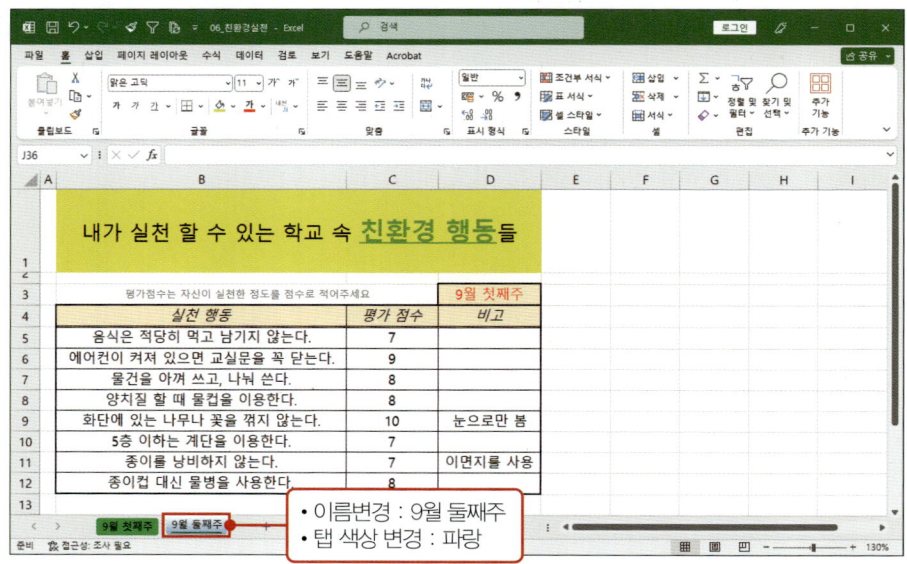

❸ [9월 둘째주] 시트의 내용을 그림과 같이 수정한 후 [9월 첫째주] 시트와의 차이점을 비교합니다.

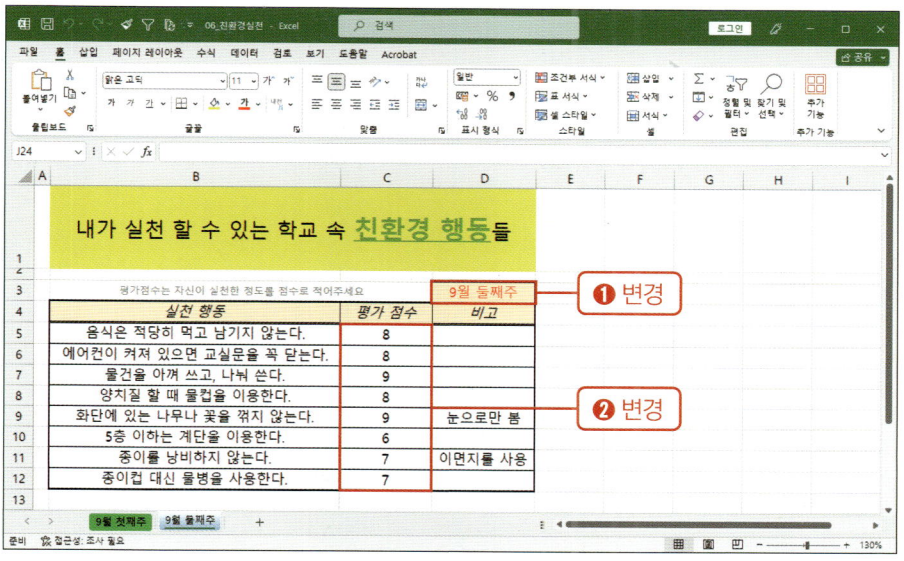

❹ 앞서 배운 내용을 참고하여 [9월 셋째주] 시트를 만들고 그림과 같이 시트의 이름과 탭 색, 내용을 변경합니다.

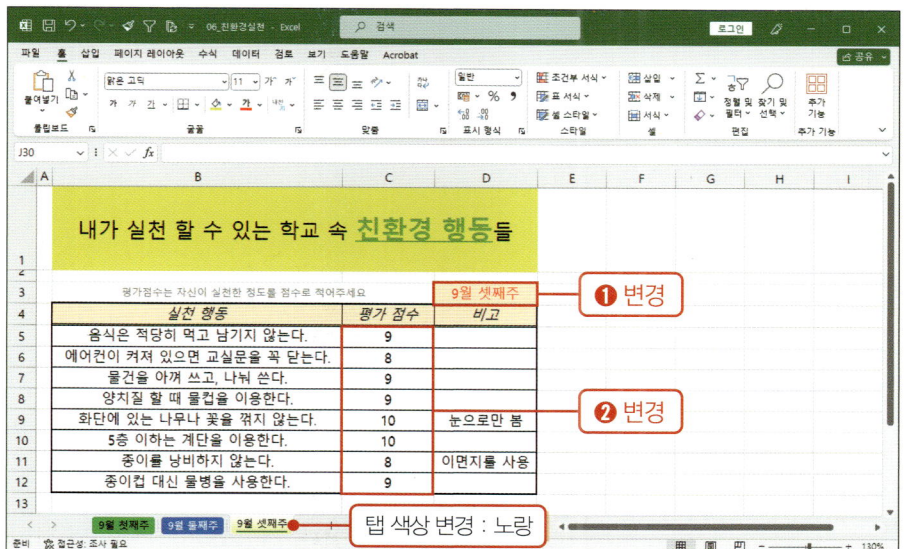

혼자 할 수 있어요!

• 예제 파일 : 06_1인1역.xlsx
• 완성 파일 : 06_1인1역_완성.xlsx

01 예제 파일을 불러와 그림과 같이 데이터를 입력한 후 시트의 이름과 탭 색을 변경해 보세요.

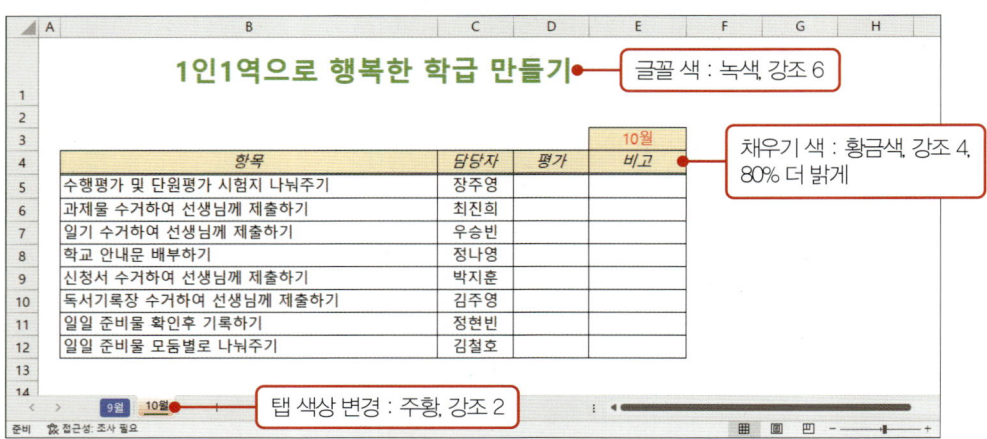

02 [9월] 시트를 복사하여 [10월] 시트로 이름을 변경하고 그림과 같이 내용을 수정한 후 나머지 시트는 모두 삭제해 보세요.

07 데이터 정렬하기

학습목표
- 한 셀에 여러 줄을 입력해요.
- 데이터의 순서를 정렬해요.
- 사용자 정의 목록으로 정렬해요.

▶ 예제 파일 : 07_전통놀이.xlsx
▶ 완성 파일 : 07_전통놀이_완성.xlsx

미션 1 한 셀에 여러 줄을 입력해 보아요.

① 바탕화면에 있는 [Excel( )]을 더블 클릭하여 프로그램을 실행합니다.

② '07_전통놀이.xlsx' 파일을 열어서 그림과 같이 내용을 입력하고 서식을 지정합니다.

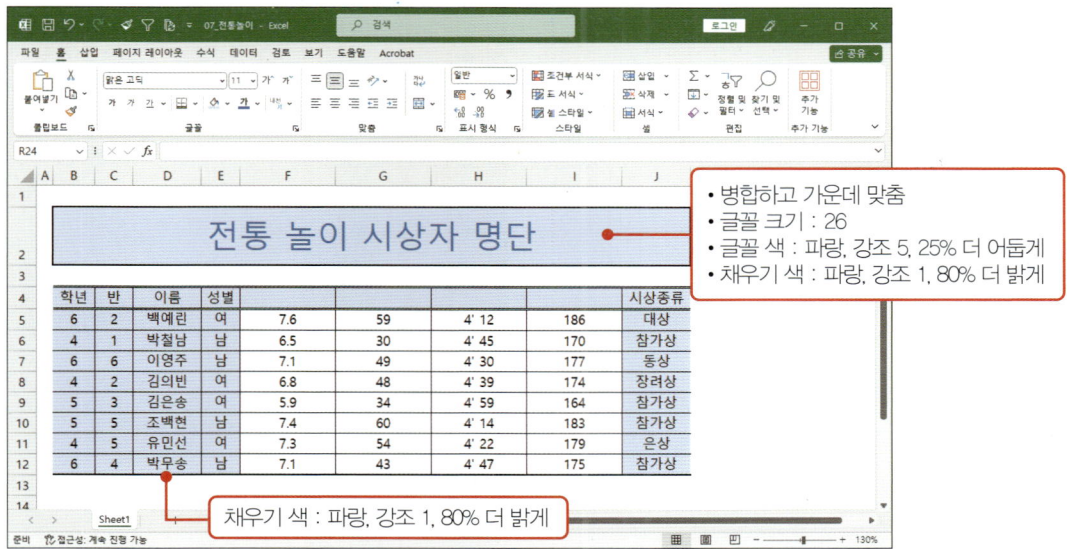

- 병합하고 가운데 맞춤
- 글꼴 크기 : 26
- 글꼴 색 : 파랑, 강조 5, 25% 더 어둡게
- 채우기 색 : 파랑, 강조 1, 80% 더 밝게

채우기 색 : 파랑, 강조 1, 80% 더 밝게

❸ [F4] 셀에 '팽이치기'를 입력한 후 Alt + Enter 를 눌러 커서가 다음 줄로 이동되면 '(초)'를 입력합니다.

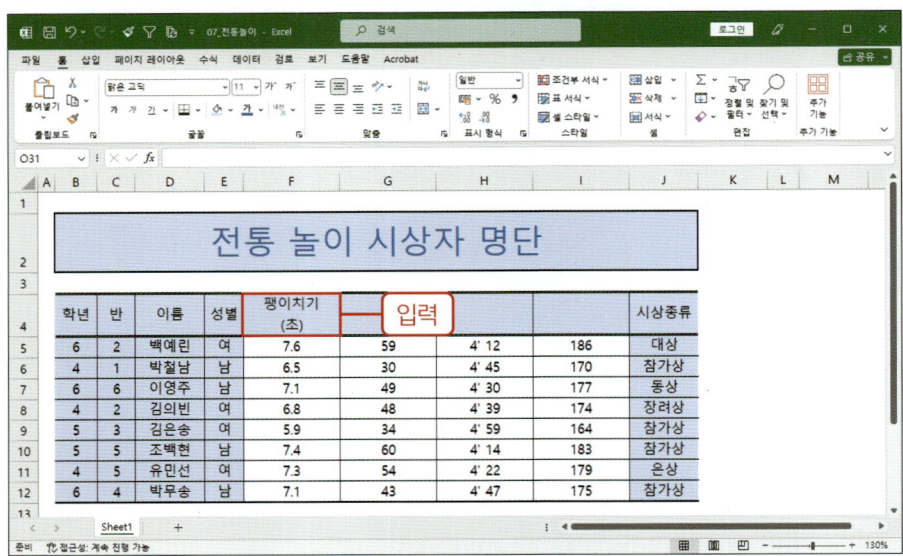

❹ 나머지 [G4], [H4], [I4] 셀에도 같은 방법으로 그림과 같이 내용을 입력합니다.

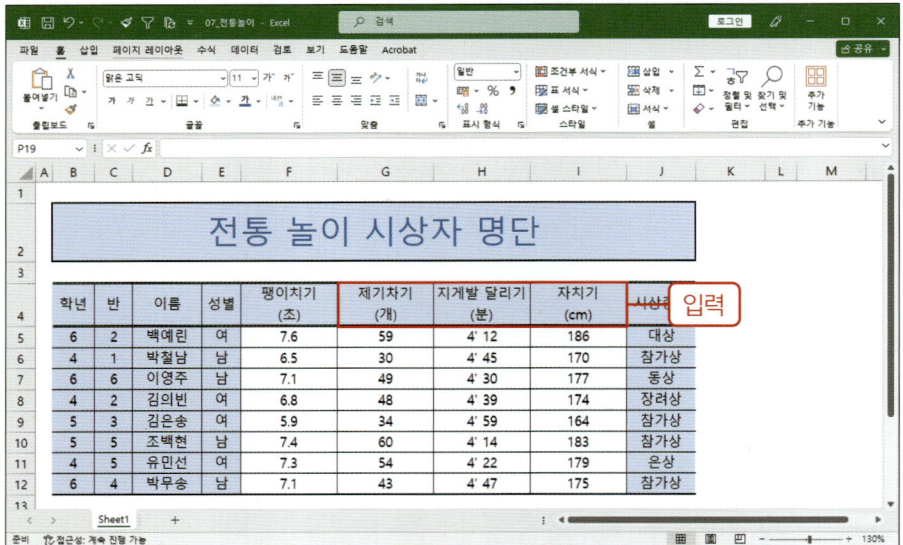

 **데이터의 순서를 변경해 보아요.**

① [E6] 셀을 선택한 후 [데이터] 탭-[정렬 및 필터] 그룹-[텍스트 오름차순 정렬(⤓)]을 클릭하여 성별이 '남'인 데이터가 위로 올라가는 것을 확인합니다.

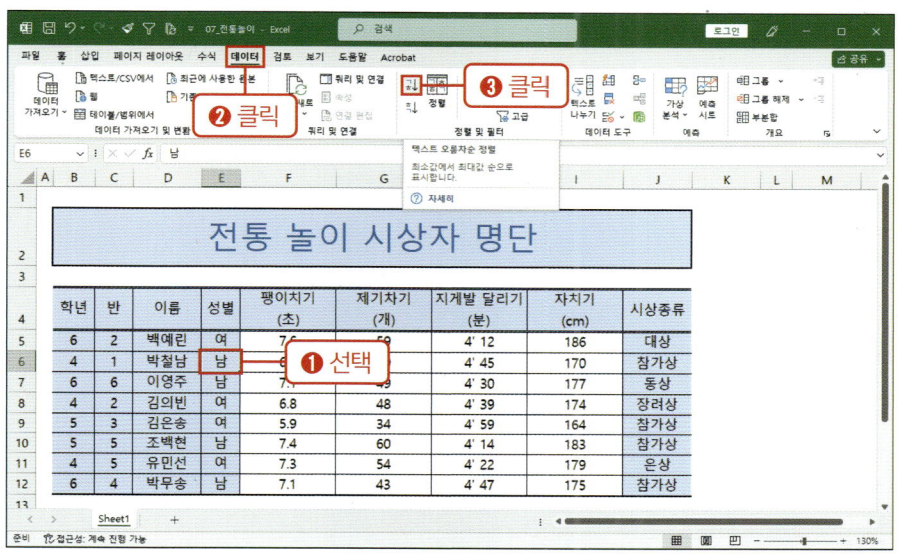

② [B5] 셀을 선택한 후 [데이터] 탭-[정렬 및 필터] 그룹-[숫자 내림차순 정렬(⤓)]을 클릭하여 '학년'이 높은 데이터가 위로 올라가는 것을 확인합니다.

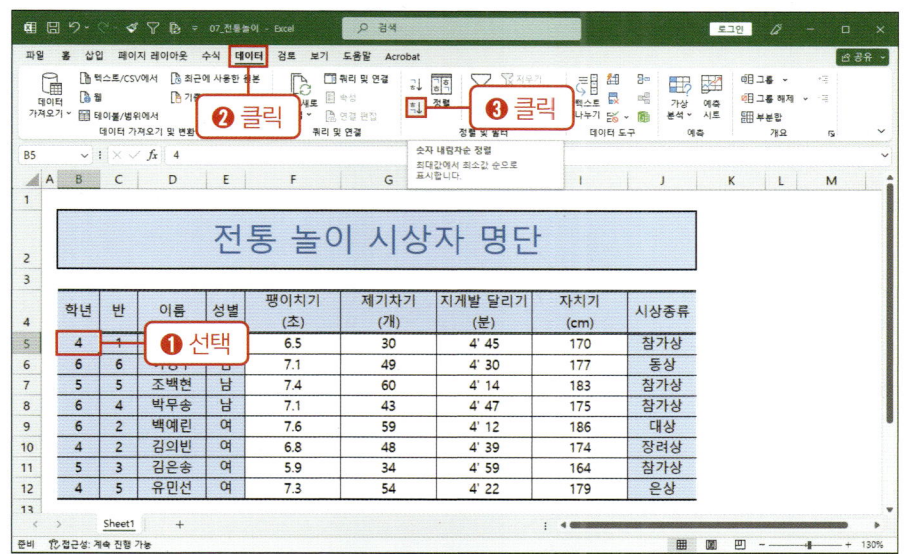

❸ [B5] 셀을 선택합니다. 이어서 [데이터] 탭-[정렬 및 필터] 그룹-[정렬(🔲)]을 클릭하여 [정렬] 대화상자가 나타나면 [기준 추가(➕)] 버튼을 클릭하고 그림과 같이 지정한 후 [확인] 버튼을 클릭합니다.

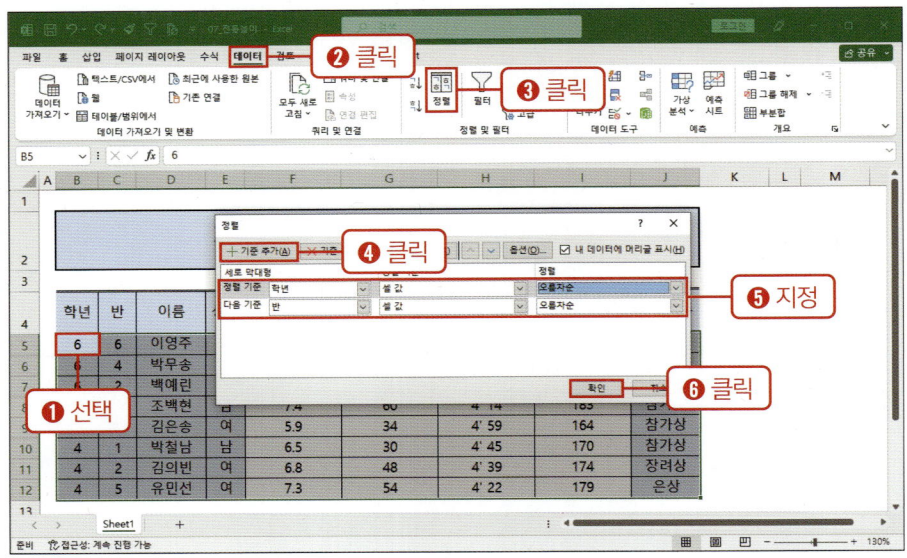

❹ '학년'이 낮은 데이터가 먼저 정렬된 후 각 '학년'별로 '반'이 1반부터 정렬되는 것을 확인합니다.

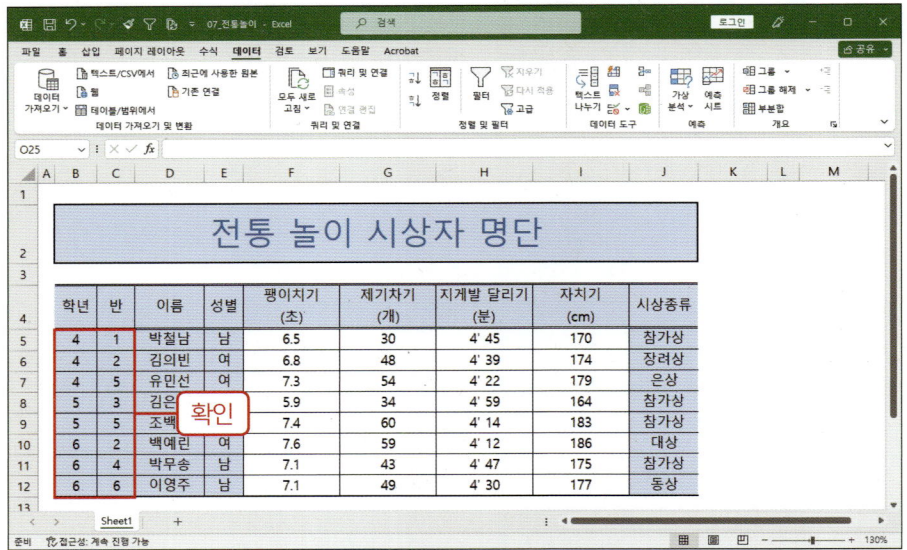

 **내가 원하는 순서로 바꾸어 보아요.**

① [B5] 셀을 선택한 후, [정렬(🔢)]을 클릭하여 [정렬] 대화상자가 나타나면 기존의 정렬 기준을 [기준 삭제(❌)] 버튼을 클릭하여 삭제하고 [기준 추가(➕)] 버튼을 클릭한 다음 정렬 기준을 '시상종류'로 선택한 후 정렬 방법을 '사용자 지정 목록'으로 선택합니다.

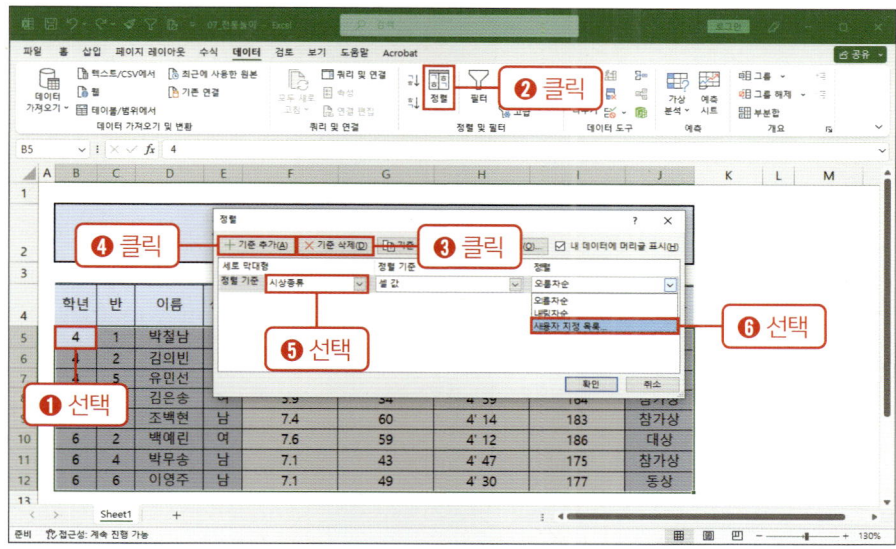

② [사용자 지정 목록] 대화상자가 나타나면 '목록 항목' 입력란에 그림과 같이 데이터를 입력하고 [추가] 버튼을 클릭한 후 [확인] 버튼을 클릭합니다.

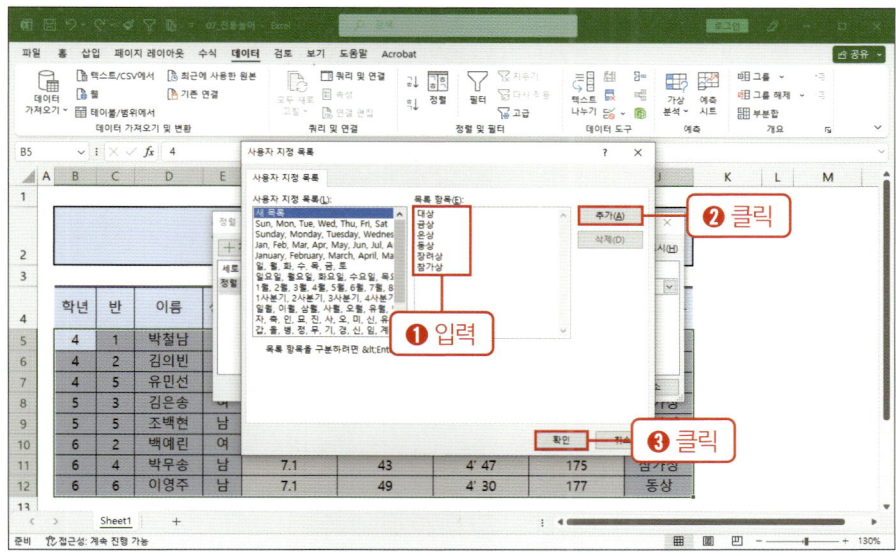

❸ 다시 한번 [확인] 버튼을 클릭하여 사용자가 지정한 순서대로 데이터가 정렬되는 것을 확인합니다.

❹ '조백현'의 '시상종류' 값을 '금상'으로 수정한 후 '사용자 지정 목록' 항목으로 정렬을 실행하여 그림과 같이 결과가 표시되도록 합니다.

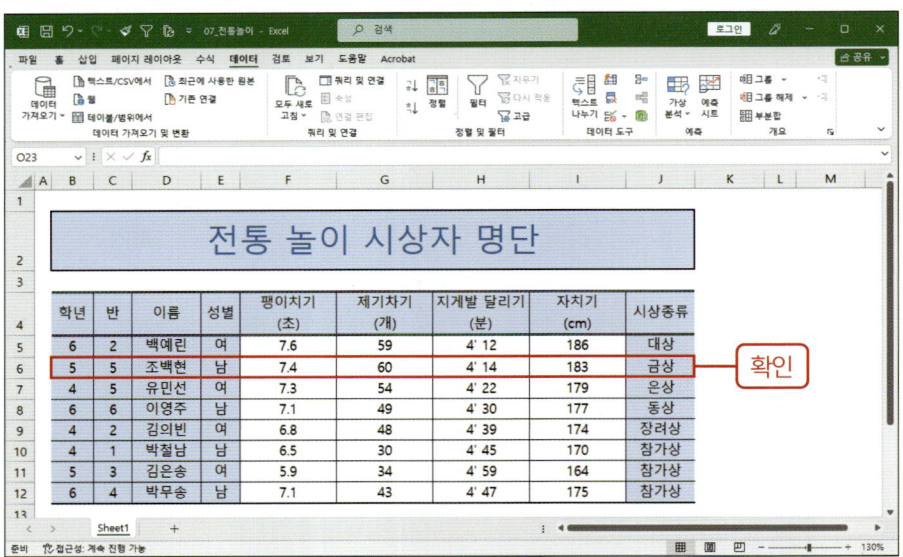

07   혼자 할 수 있어요!

• 예제 파일 : 07_공모전.xlsx
• 완성 파일 : 07_공모전_완성.xlsx

01 예제 파일을 불러와 그림과 같이 내용을 입력하고 서식을 지정해 보세요.

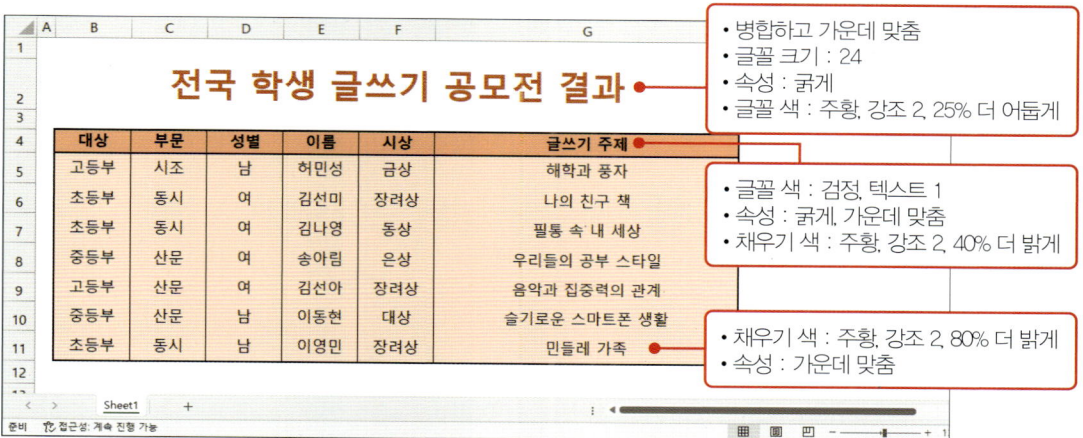

- 병합하고 가운데 맞춤
- 글꼴 크기 : 24
- 속성 : 굵게
- 글꼴 색 : 주황, 강조 2, 25% 더 어둡게

- 글꼴 색 : 검정, 텍스트 1
- 속성 : 굵게, 가운데 맞춤
- 채우기 색 : 주황, 강조 2, 40% 더 밝게

- 채우기 색 : 주황, 강조 2, 80% 더 밝게
- 속성 : 가운데 맞춤

02 '대상'이 '초등부-중등부-고등부' 순서로 정렬되도록 내림차순 정렬을 실행해 보세요.

03 '시상'이 '대상-금상-은상-동상-장려상' 순서로 정렬되도록 사용자 지정 목록을 추가한 후 정렬을 실행해 보세요.

	대상	부문	성별	이름	시상	글쓰기 주제
				전국 학생 글쓰기 공모전 결과		
4	대상	부문	성별	이름	시상	글쓰기 주제
5	중등부	산문	남	이동현	대상	슬기로운 스마트폰 생활
6	고등부	시조	남	허민성	금상	해학과 풍자
7	중등부	산문	여	송아림	은상	우리들의 공부 스타일
8	초등부	동시	여	김나영	동상	필통 속 내 세상
9	초등부	동시	여	김선미	장려상	나의 친구 책
10	고등부	산문	여	김선아	장려상	음악과 집중력의 관계
11	초등부	동시	남	이영민	장려상	민들레 가족

08 조건부 서식 지정하기

학습목표
- 데이터에 막대와 아이콘을 넣어요.
- 조건에 따라 셀을 강조해요.
- 필요 없는 조건을 삭제해요.

▶ 예제 파일 : 08_독서량.xlsx
▶ 완성 파일 : 08_독서량_완성.xlsx

미션 1 데이터에 막대와 아이콘을 넣어 보아요.

① 바탕화면에 있는 [Excel()]을 더블 클릭하여 프로그램을 실행합니다.

② '08_독서량.xlsx' 파일을 열어서 그림과 같이 내용을 입력하고 서식을 지정합니다.

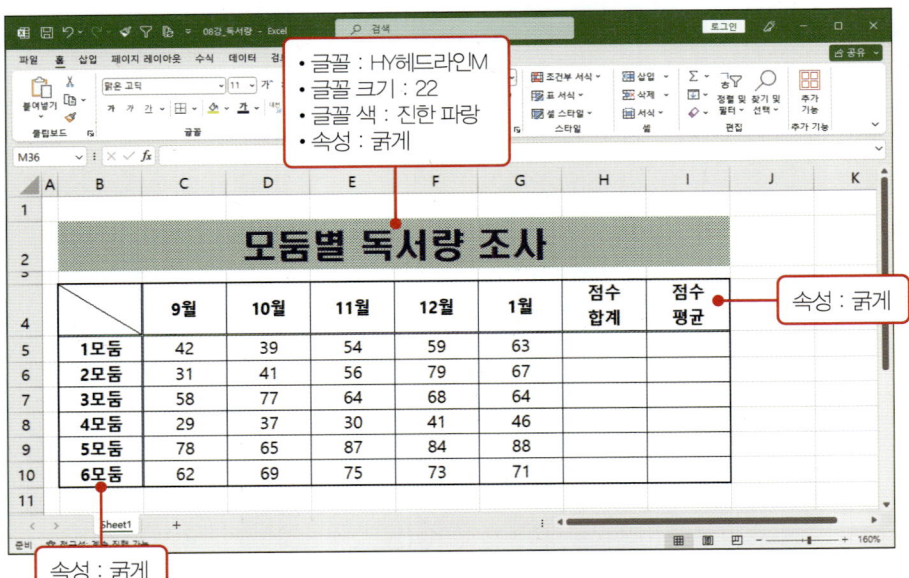

❸ [C5:C10] 셀을 선택한 후 [홈] 탭-[스타일] 그룹-[조건부 서식(🎨)]을 클릭하고 [데이터 막대]-[그라데이션 채우기]-[녹색 데이터 막대]를 선택합니다.

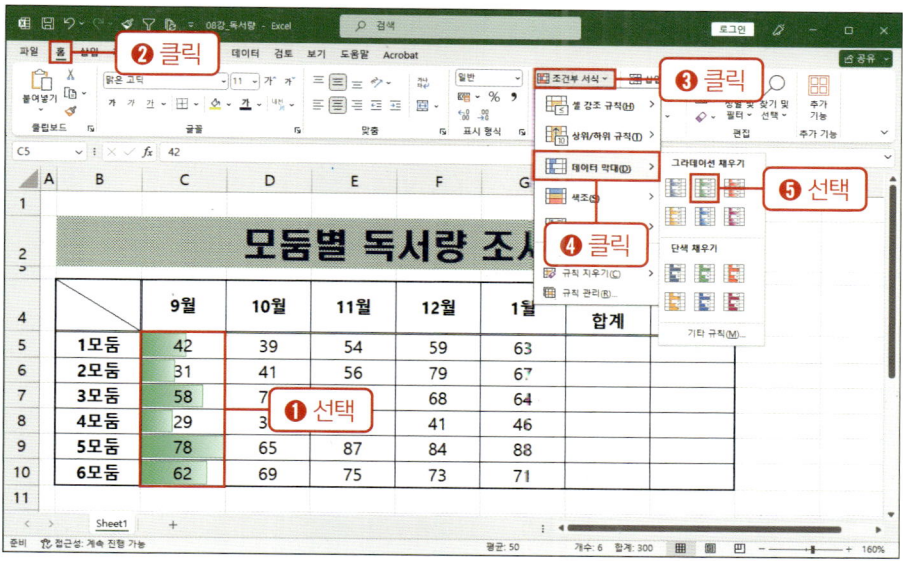

❹ 같은 방법으로 [D5:E10] 셀에도 데이터 막대를 지정합니다.

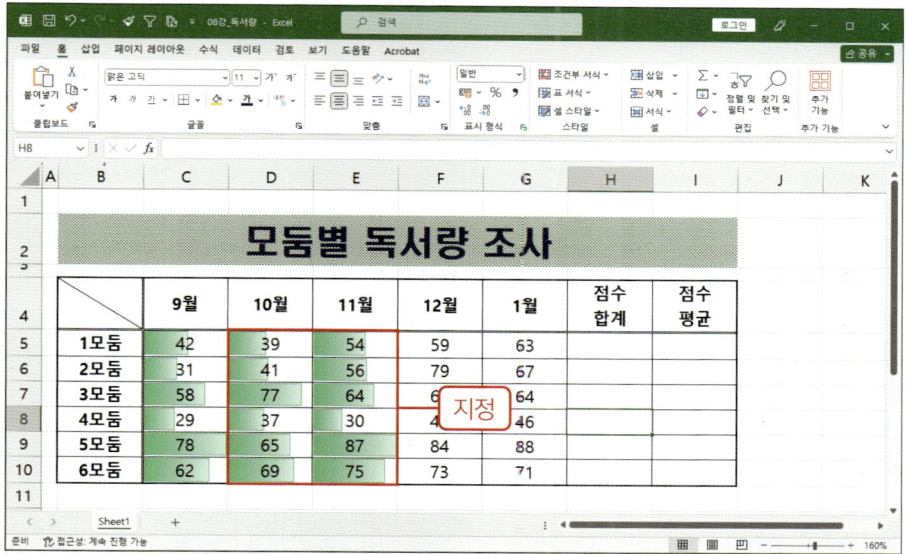

08 • 조건부 서식 지정하기 **43**

❺ [C5:C10] 셀을 선택한 후 [홈] 탭-[스타일] 그룹-[조건부 서식(📋)]-[아이콘 집합]-[3색 신호등 (테두리)]를 선택합니다.

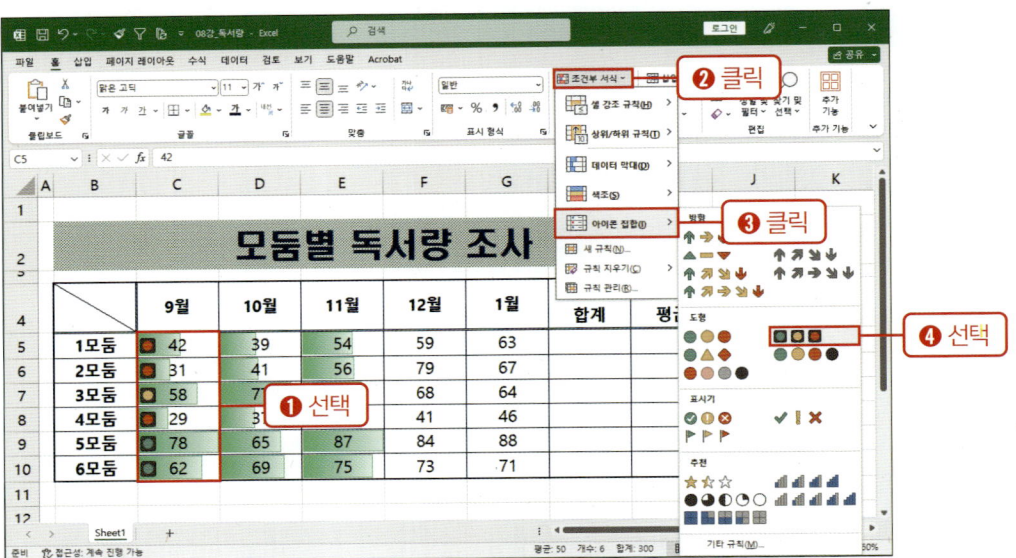

❻ 같은 방법으로 [D5:E10] 셀에도 그림과 같이 아이콘 집합을 지정합니다.

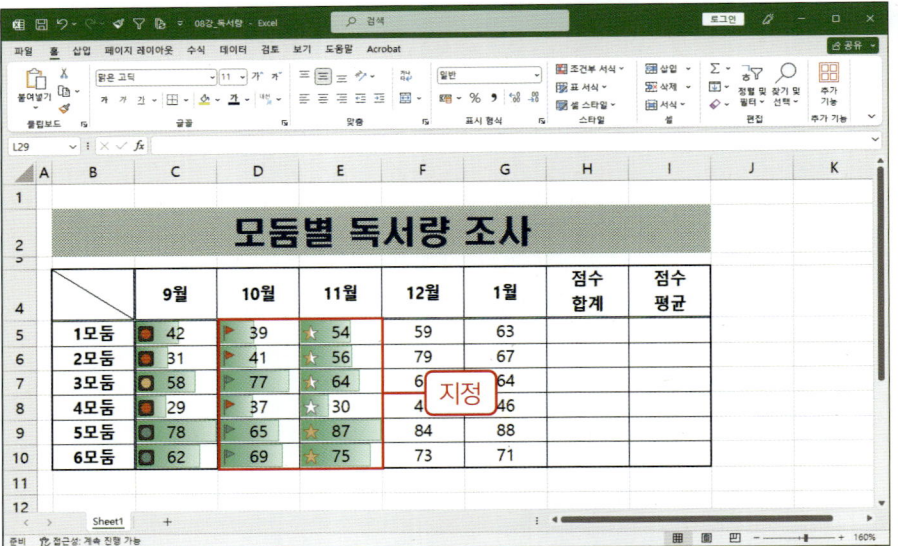

 **조건에 따라 셀을 강조해 보아요.**

① [F5:F10] 셀을 선택한 후 [홈] 탭-[스타일] 그룹-[조건부 서식]을 클릭하여 [셀 강조 규칙]-[다음 값의 사이에 있음]을 선택합니다.

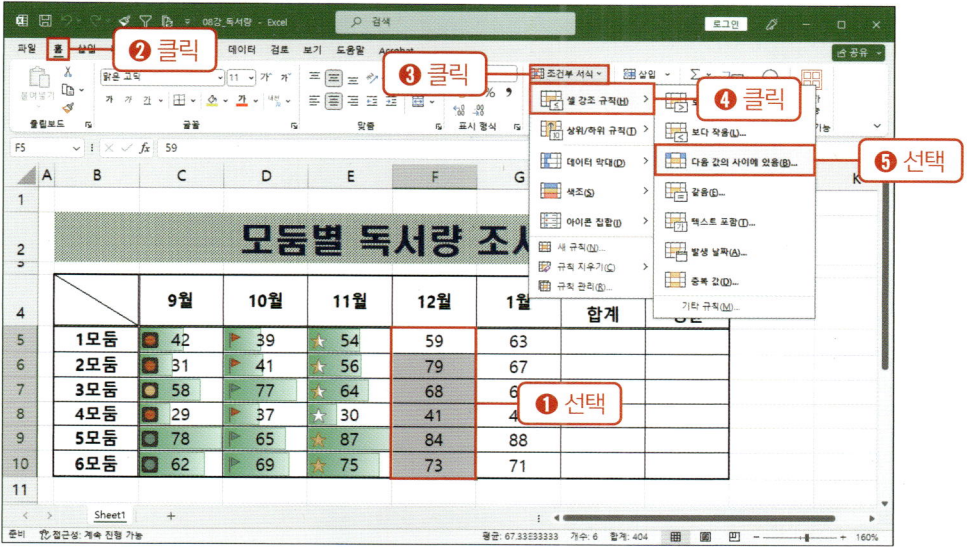

② [해당 범위] 대화상자가 나타나면 그림과 같이 범위를 지정하고 [확인] 버튼을 클릭하여 결과를 확인합니다.

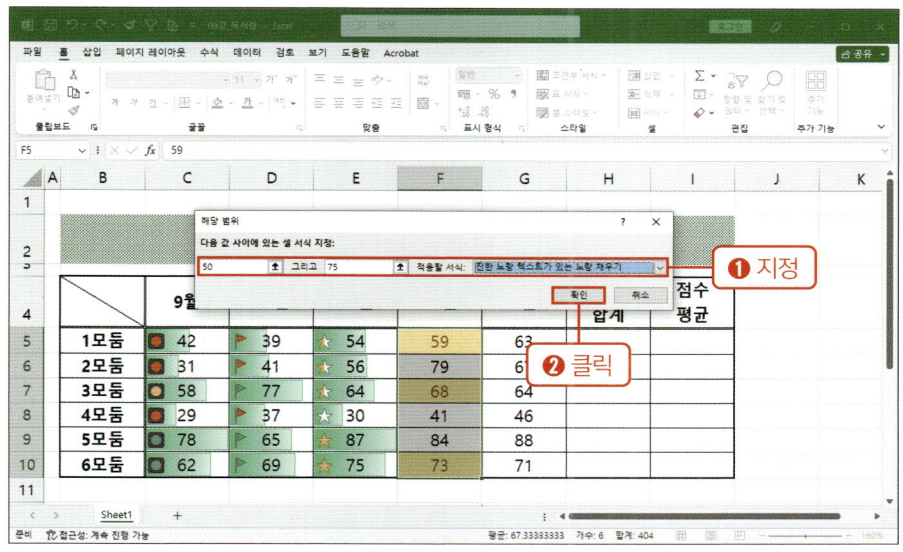

 **필요없는 조건은 삭제해 보아요.**

① [C5:F10] 셀을 선택한 후 [조건부 서식(▦)]-[규칙 관리]를 클릭합니다. 이어서 [조건부 서식 규칙 관리자] 대화상자가 나타나면 그림과 같이 플래그 아이콘을 선택하고 [규칙 삭제] 버튼을 클릭한 후 [확인] 버튼을 클릭합니다.

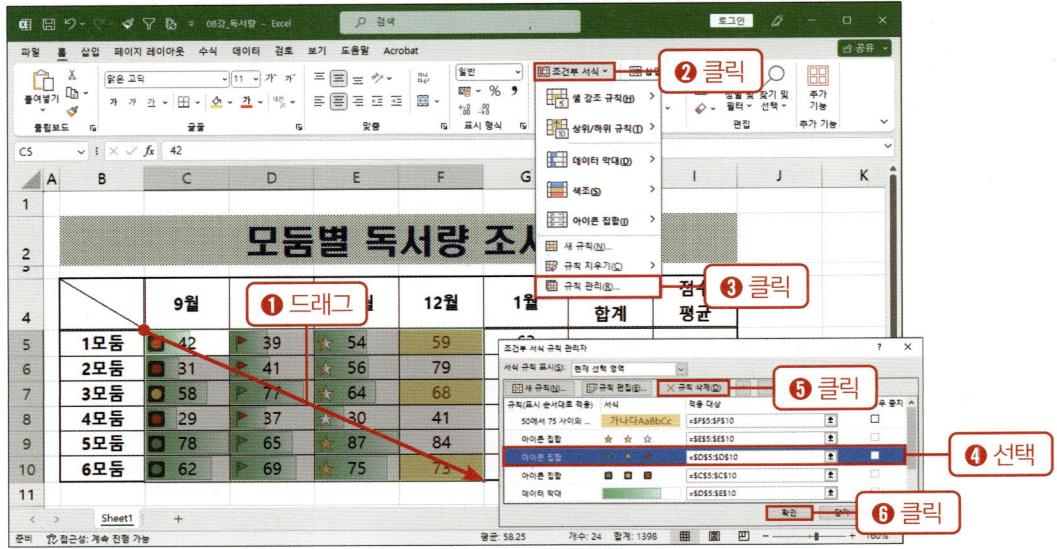

② [조건부 서식(▦)]-[규칙 지우기]-[시트 전체에서 규칙 지우기]를 클릭하여 시트에 적용된 모든 조건부 서식을 삭제합니다.

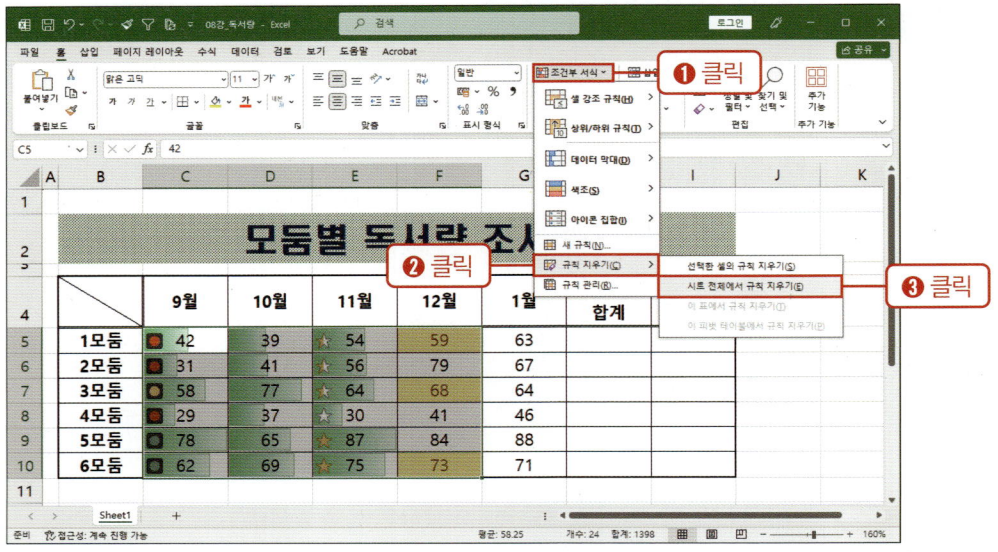

08 혼자 할 수 있어요!

01 예제 파일을 불러와 그림과 같이 조건부 서식을 지정해 보세요.

• 예제 파일 : 08_줄넘기.xlsx
• 완성 파일 : 08_줄넘기_완성.xlsx

02 예제 파일을 불러와 그림과 같이 조건부 서식을 지정해 보세요.

• 예제 파일 : 08_추천도서.xlsx
• 완성 파일 : 08_추천도서_완성.xlsx

09 자동 합계로 계산하기

학습목표

- 수식을 입력하여 값을 구해요.
- 자동 합계 도구로 합계와 평균을 구해요.
- 자동 합계 도구로 최대값과 최소값을 구해요.

▶ 예제 파일 : 09_열량조사.xlsx
▶ 완성 파일 : 09_열량조사_완성.xlsx

미션 1 수식을 입력해 보아요.

① 바탕화면에 있는 [Excel()]을 더블 클릭하여 프로그램을 실행합니다.

② '09_열량조사.xlsx' 파일을 열어서 [E4] 셀을 선택하고 '='을 입력합니다.

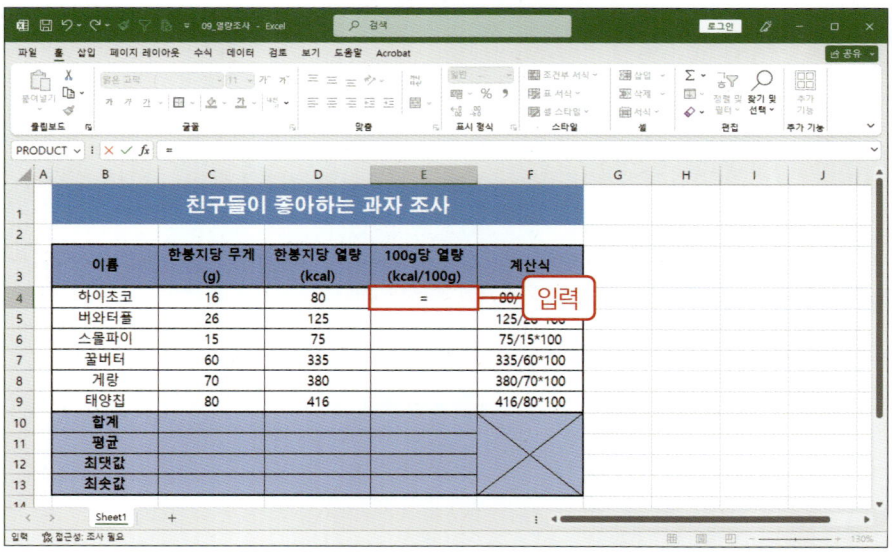

❸ '=' 뒤에 커서를 위치시킨 후 [D4] 셀을 선택하고 '/'를 입력한 후 [C4] 셀을 선택합니다. 이어서 '*100'을 입력하고 Enter 를 누릅니다.

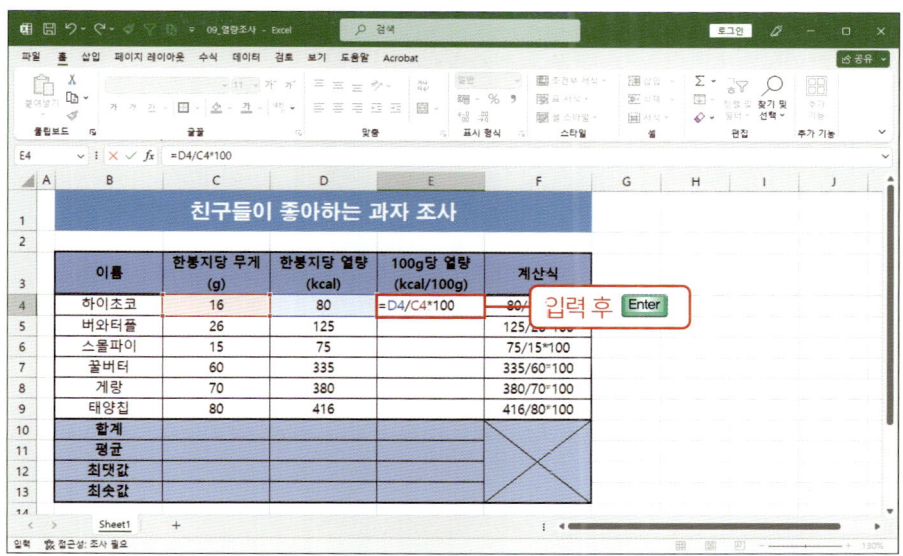

❹ 결과값이 표시되면 [E4] 셀을 선택한 후 채우기 핸들을 [E9] 셀까지 드래그하여 결과값을 계산합니다.

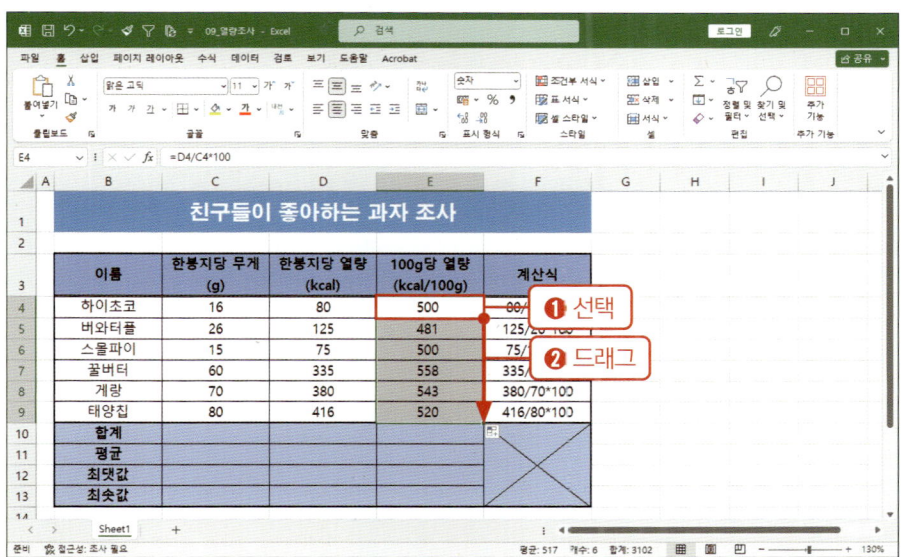

 **미션 2** 자동 합계 도구로 합계와 평균을 구해 보아요.

❶ [C4:C9] 셀을 선택한 후 [수식] 탭-[함수 라이브러리] 그룹-[자동 합계(∑)]-[합계]를 선택합니다.

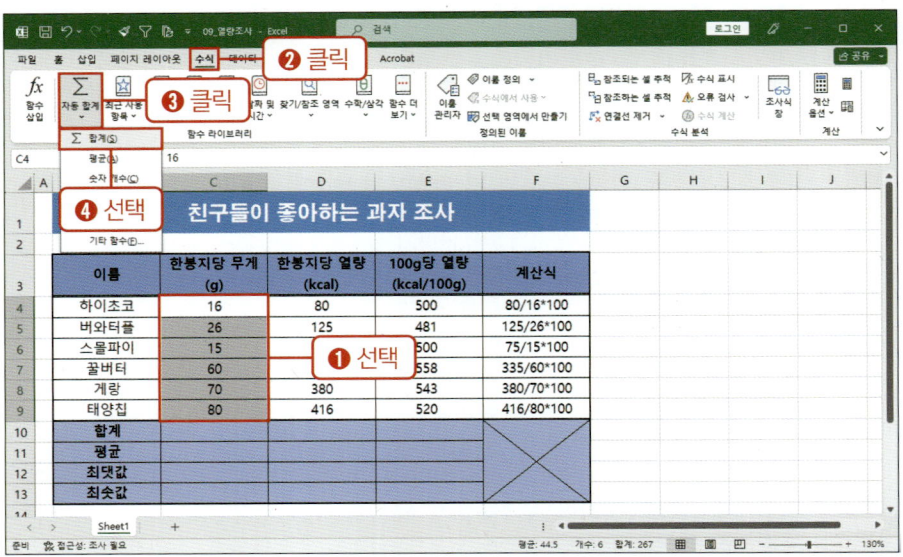

❷ 같은 방법으로 [C4:C9] 셀을 선택한 후 [수식] 탭-[함수 라이브러리] 그룹-[자동 합계(∑)]-[평균]을 선택합니다.

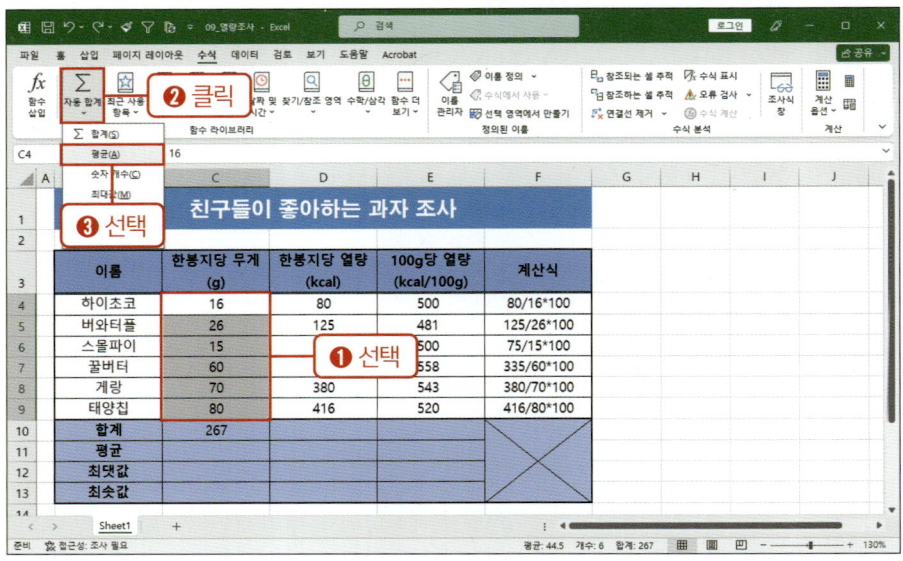

미션 3 자동 합계 도구로 최대값과 최소값을 구해 보아요.

1 [C4:C9] 셀을 선택한 후 [수식] 탭–[함수 라이브러리] 그룹–[자동 합계(∑)]–[최대값]을 선택합니다. 그리고 [C4:C9] 셀을 다시 선택한 후 [수식] 탭–[함수 라이브러리] 그룹–[자동 합계(∑)]–[최소값]을 선택합니다.

2 [C10:C13] 셀을 선택한 후 채우기 핸들을 [E10:E13] 셀까지 드래그하여 결과값을 계산합니다. 이어서 [홈] 탭–[표시 형식] 그룹–[자릿수 줄임(.00→.0)]을 클릭하여 그림과 같이 완성합니다.

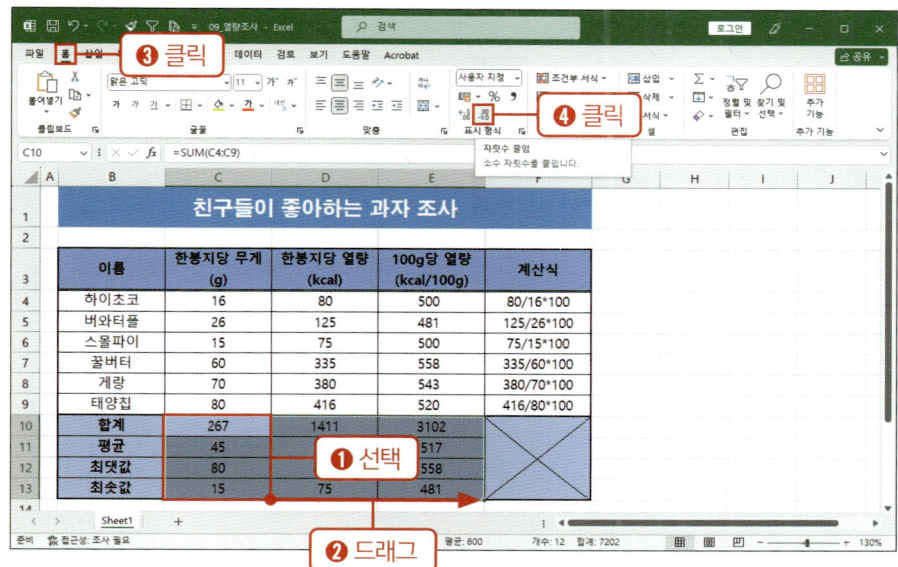

09 혼자 할 수 있어요!

• 예제 파일 : 09_성장중심평가.xlsx
• 완성 파일 : 09_성장중심평가_완성.xlsx

01 예제 파일을 불러와 자동 합계 기능을 이용하여 그림과 같이 완성해 보세요.

	창의력	비판적 사고력	소통능력	발표력	협동능력	합계	평균
고하늘	90	100	85	79	100	454	90.8
김주영	80	90	87	95	87	439	87.8
박진주	95	85	90	75	70	415	83
우수민	85	98	71	68	98	420	84
최동주	90	100	78	95	89	452	90.4
주한별	98	88	80	87	79	432	86.4
최댓값	98	100	90	95	100		
최솟값	80	85	71	68	70		

02 조건부 서식의 [상위/하위 규칙]-[평균 초과] 기능을 이용하여 그림과 같이 각 학생별 평균 초과값에 별도의 서식을 지정해 보세요.

	창의력	비판적 사고력	소통능력	발표력	협동능력	합계	평균
고하늘	90	100	85	79	100	454	90.8
김주영	80	90	87	95	87	439	87.8
박진주	95	85	90	75	70	415	83
우수민	85	98	71	68	98	420	84
최동주	90	100	78	95	89	452	90.4
주한별	98	88	80	87	79	432	86.4
최댓값	98	100	90	95	100		
최솟값	80	85	71	68	70		

10 함수 마법사로 계산하기

학습목표

- 함수 마법사로 합계와 평균을 구해요.
- COUNTIF 함수로 개수를 구해요.

▶ 예제 파일 : 10_성장중심평가.xlsx
▶ 완성 파일 : 10_성장중심평가_완성.xlsx

미션1 함수 마법사로 합계와 평균을 구해 보아요.

① 바탕화면에 있는 [Excel(X)]을 더블 클릭하여 프로그램을 실행합니다.

② '10_성장중심평가.xlsx' 파일을 열어서 [H5] 셀을 선택한 후 [수식] 탭-[함수 라이브러리] 그룹-[함수 삽입(fx)]을 클릭합니다. 이어서 [함수 마법사] 대화상자가 나타나면 [범주 선택] 에서 '모두'를 선택하고 [함수 선택]에서 'SUM' 함수를 선택한 후 [확인] 버튼을 클릭합니다.

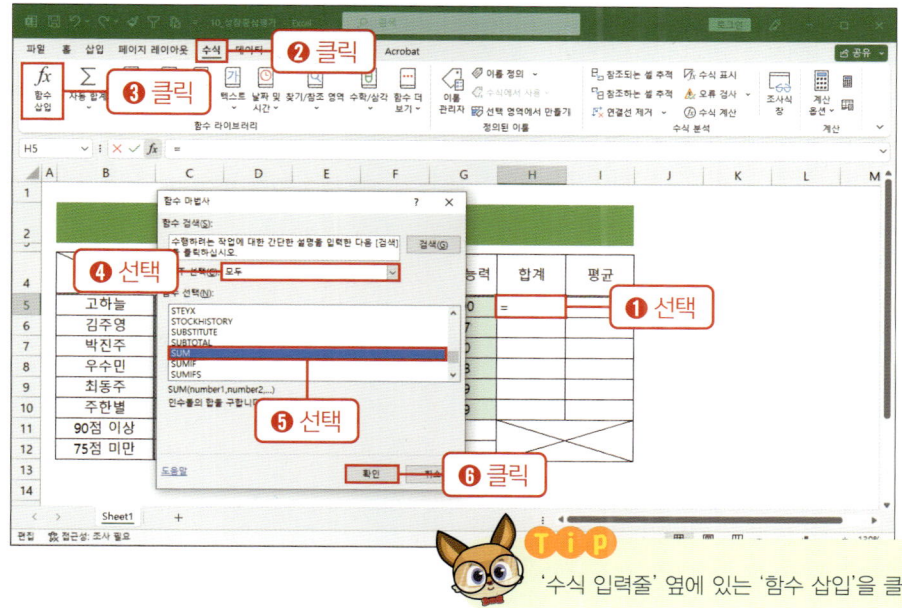

Tip '수식 입력줄' 옆에 있는 '함수 삽입'을 클릭해도 됩니다.

❸ [함수 인수] 대화상자가 나타나면 'Number1' 항목을 선택하고 [C5:G5] 셀을 드래그하여 합계를 구할 영역을 선택한 다음 [확인] 버튼을 클릭합니다.

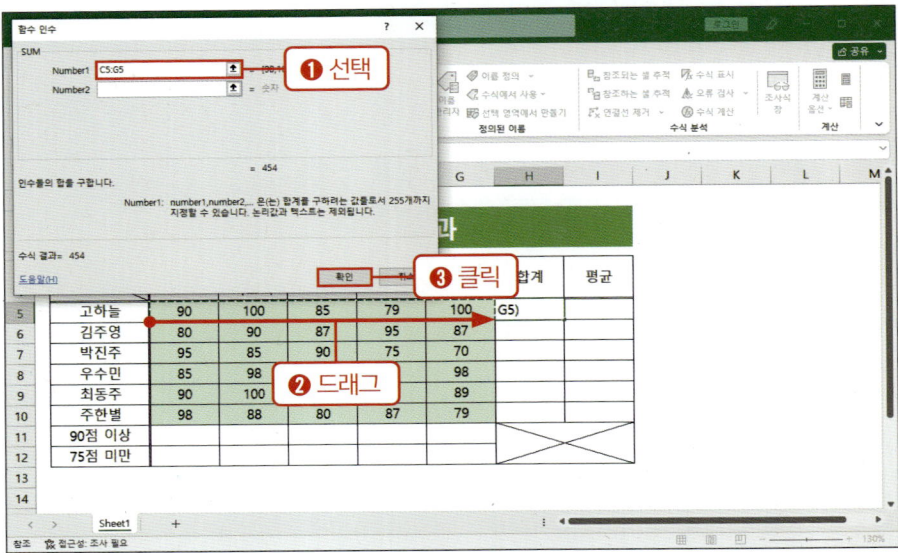

❹ [H5] 셀을 선택한 후 채우기 핸들을 [H10]까지 드래그하여 결과값을 계산합니다.

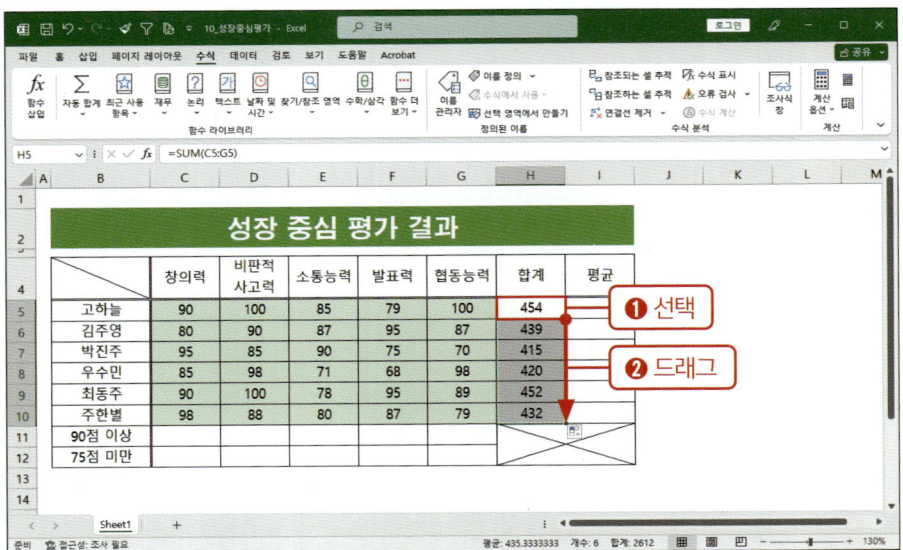

5 [I5] 셀을 선택한 후 [함수 삽입(fx)]을 클릭하여 [함수 마법사] 대화상자가 나타나면 [범주 선택]에서 '모두'를 선택하고 [함수 선택]에서 'AVERAGE' 함수를 선택한 후 [확인] 버튼을 클릭합니다.

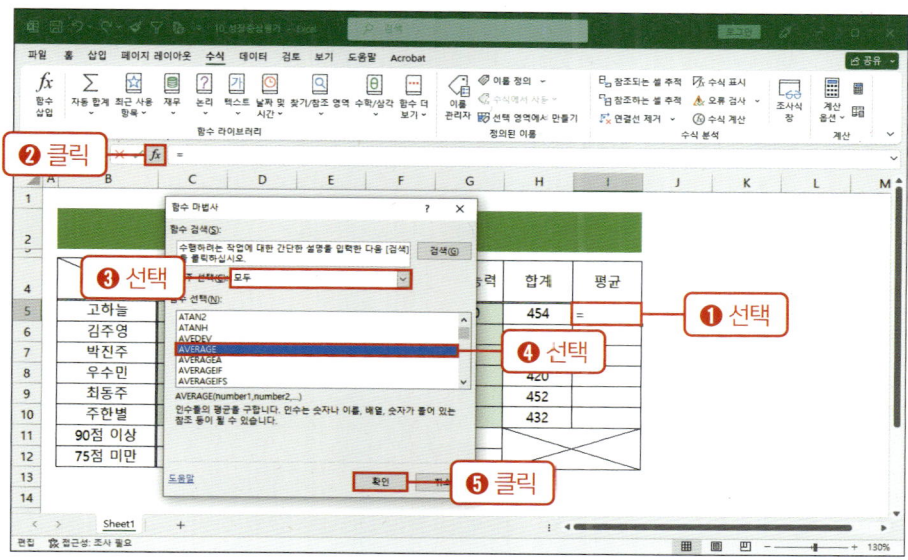

6 [함수 인수] 대화상자가 나타나면 'Number1' 항목을 선택하고 [C5:G5] 셀을 드래그하여 합계를 구할 영역을 선택하고 [확인] 버튼을 클릭합니다. 이어서 채우기 핸들을 [I10] 셀까지 드래그하여 결과값을 계산합니다.

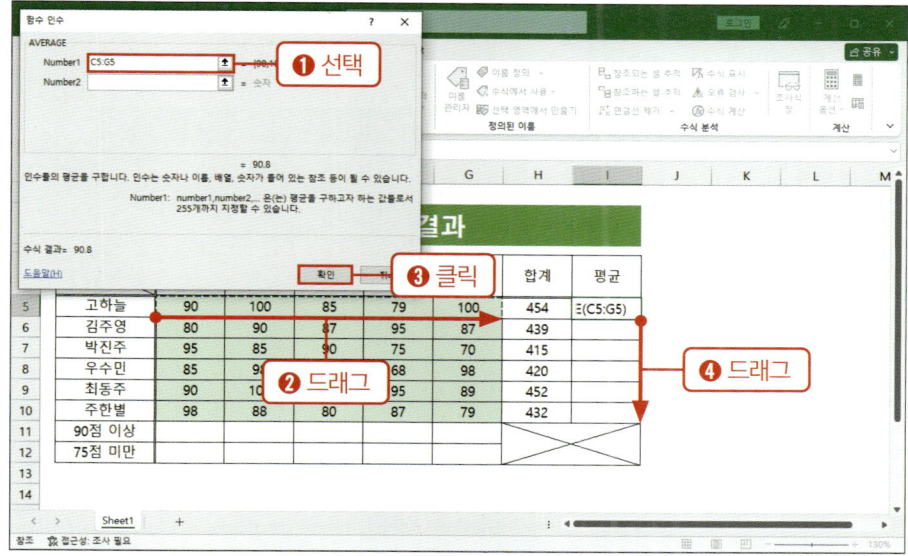

10 · 함수 마법사로 계산하기 **55**

미션 2 COUNTIF 함수로 개수를 구해 보아요.

1 [C11] 셀을 선택하고 [함수 삽입(fx)]을 클릭한 후 [함수 마법사] 대화상자가 나타나면 'COUNTIF' 함수를 선택한 후 [확인] 버튼을 클릭합니다.

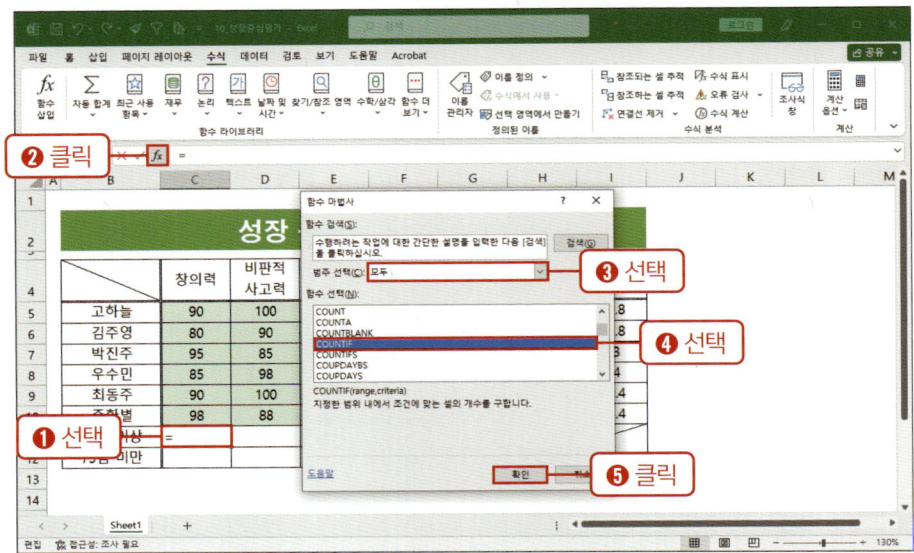

2 [함수 인수] 대화상자가 나타나면 'Range' 항목을 선택하고 [C5:C10] 셀을 드래그하여 합계를 구할 영역을 선택합니다. 이어서 'Criteria' 항목의 빈 공간을 선택하고 '>=90'를 입력하고 [확인] 버튼을 클릭합니다.

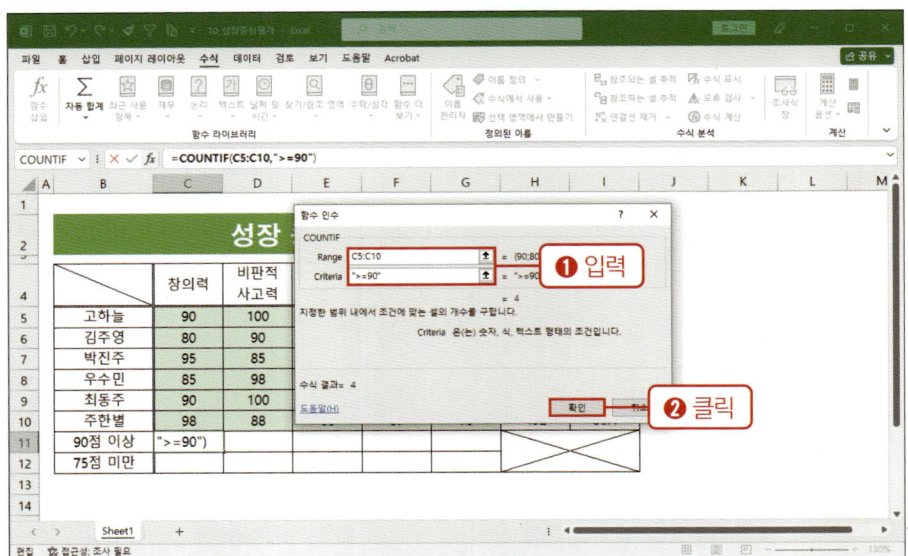

③ 계산된 [C11] 셀을 선택한 후 채우기 핸들을 [G11]까지 드래그하여 결과값을 계산합니다.

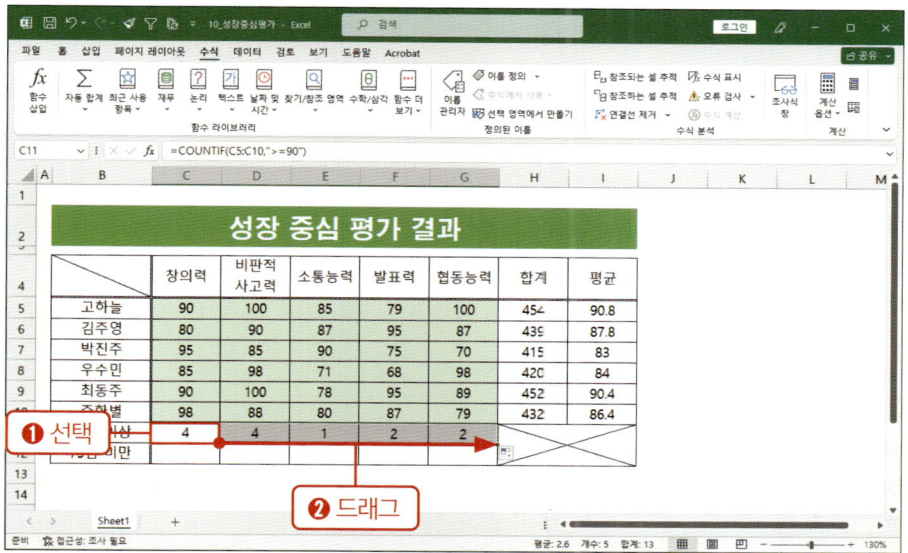

④ ①~③의 과정을 반복하여 75점 미만인 점수의 개수를 그림과 같이 구해 봅니다.

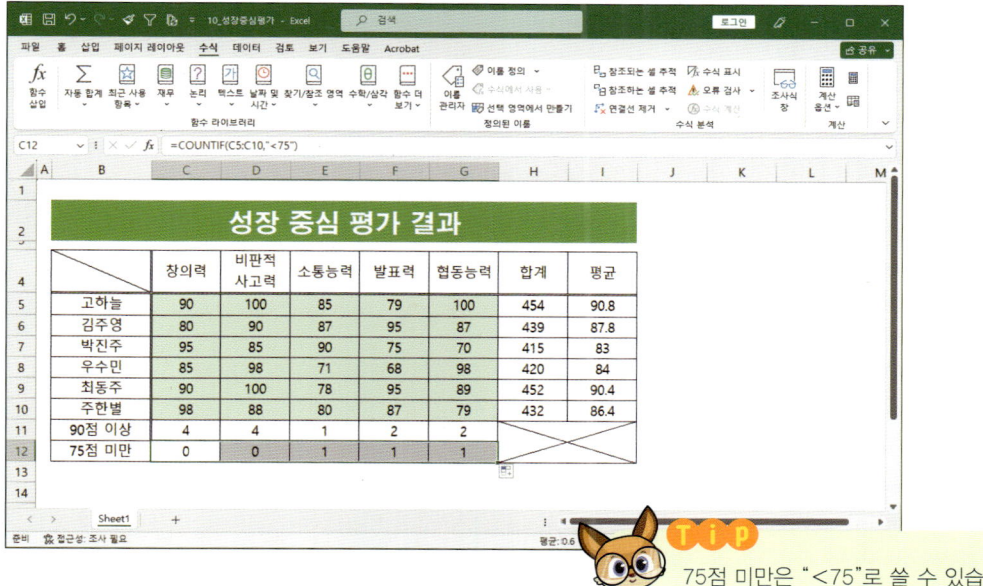

Tip 75점 미만은 "<75"로 쓸 수 있습니다.

10  혼자 할 수 있어요!

01 예제 파일을 불러와 합계와 평균을 구하고 운동량이 2시간 이상인 데이터와 30분 미만인 데이터의 개수를 구해 보세요.

- 예제 파일 : 10_운동량 조사.xlsx
- 완성 파일 : 10_운동량 조사_완성.xlsx

초등학생 평일 운동량 조사

(단위:분)

이름	성별	월요일	화요일	수요일	목요일	금요일	합계	평균
송인국	남	68	110	200	120	70	568	113.6
김민재	남	180	270	190	200	150	990	198
박예린	여	120	50	70	35	28	303	60.6
최연서	여	80	30	30	45	43	228	45.6
이영주	남	25	20	50	64	60	219	43.8
황원정	여	10	50	30	54	70	214	42.8
박무송	남	68	70	60	180	210	588	117.6
2시간 이상		2	1	2	3	2		
30분 미만		2	1	0	0	1		

Hint
- [I6] : =SUM(D6:H6)
- [J6] : =AVERAGE(D6:H6)
- [D13] : =COUNTIF(D6:D12, ">=120")
- [D14] : =COUNTIF(D6:D12, "<30")

02 예제 파일을 불러와 성별이 남자인 데이터의 개수와 빨강 모둠과 빨강 모둠이 아닌 데이터의 개수를 구해 보세요.

- 예제 파일 : 10_우리반 친구들.xlsx
- 완성 파일 : 10_우리반 친구들_완성.xlsx

3학년 2반 친구들

이름	키번호	출석번호	성별	모둠명	좋아하는 것
우수민	5	59	여	초록	줄넘기
최선화	7	62	여	노랑	과자
강지원	3	2	남	빨강	태권도
이진주	2	60	여	노랑	인형
황인경	10	65	여	초록	한자
김종혁	6	4	남	초록	자동차
조현태	4	9	남	노랑	책
김은혜	1	51	여	빨강	강아지
남자인 친구는 모두 몇 명인가요?			3		
빨강 모둠인 친구는 모두 몇 명인가요?				2	
빨강 모둠이 아닌 친구는 모두 몇 명인가요?				6	

Hint
- [E14] : =COUNTIF(E5:E12, "남")
- [F15] : =COUNTIF(F5:F12, "빨강")
- [F16] : =COUNTIF(F5:F12, "<>빨강")

11 조건으로 결과값 구하기

학습목표
- AND와 OR 함수의 사용법을 알아봐요.
- IF 함수의 사용법을 알아봐요.

▶ 예제 파일 : 11_자유탐구대회.xlsx
▶ 완성 파일 : 11_자유탐구대회_완성.xlsx

미션 1 AND와 OR 함수의 사용법을 알아보아요.

1 바탕화면에 있는 [Excel( )]을 더블 클릭하여 프로그램을 실행합니다.

2 '11_자유탐구대회.xlsx' 파일을 열어서 [E5] 셀을 선택한 후 [함수 삽입(fx)]을 클릭합니다. 이어서 [함수 마법사] 대화상자가 나타나면 [범주 선택]에서 '모두'를 선택하고 [함수 선택]에서 'AND' 함수를 선택한 후 [확인] 버튼을 클릭합니다.

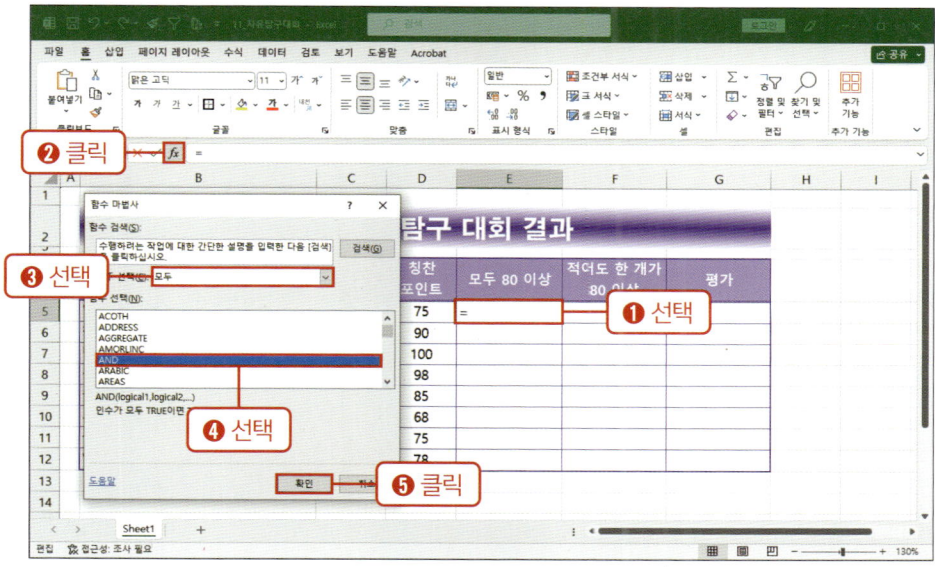

❸ [함수 인수] 대화상자가 나타나면 첫 번째 조건인 'Logical1' 항목에 C5>=80을 입력합니다.

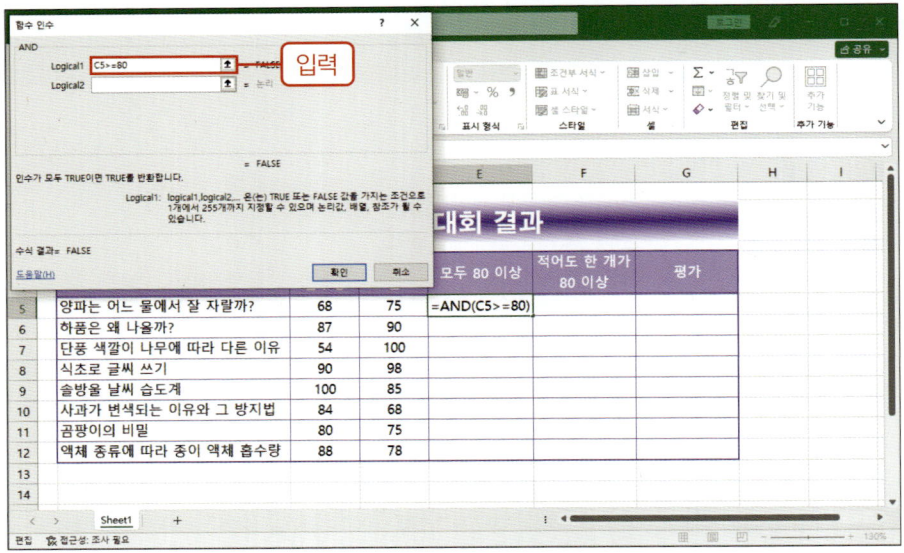

❹ 이어서 두 번째 조건인 'Logical2' 항목에 'D5>=80'을 입력하고 [확인] 버튼을 클릭합니다.

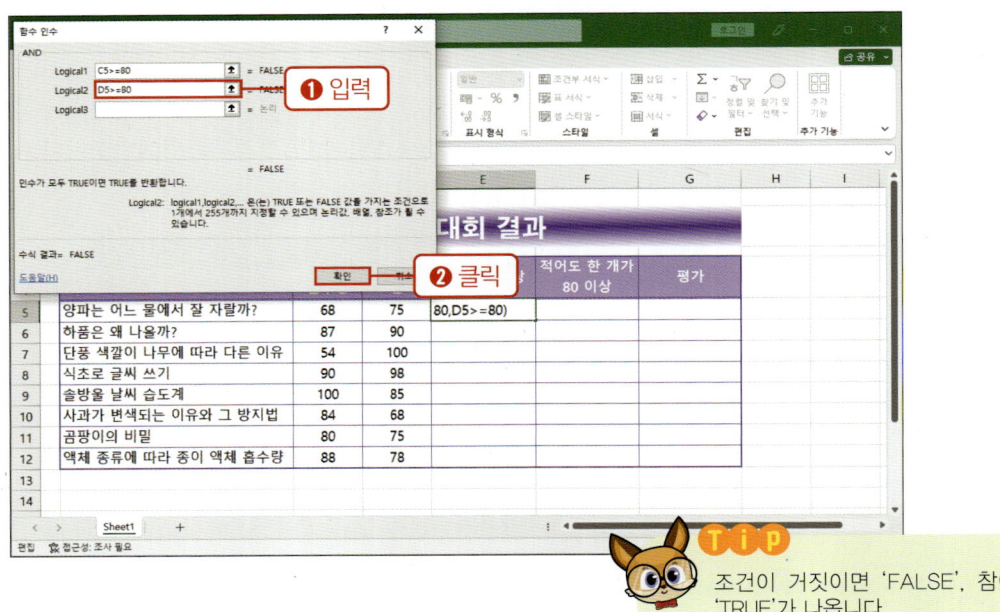

Tip
조건이 거짓이면 'FALSE', 참이면 'TRUE'가 나옵니다.

⑤ 이어서 마우스 오른쪽 버튼을 클릭한 상태로 채우기 핸들을 [E12] 셀까지 드래그하여 바로 가기 메뉴가 나타나면 [서식 없이 채우기]를 선택하고 결과값을 확인합니다.

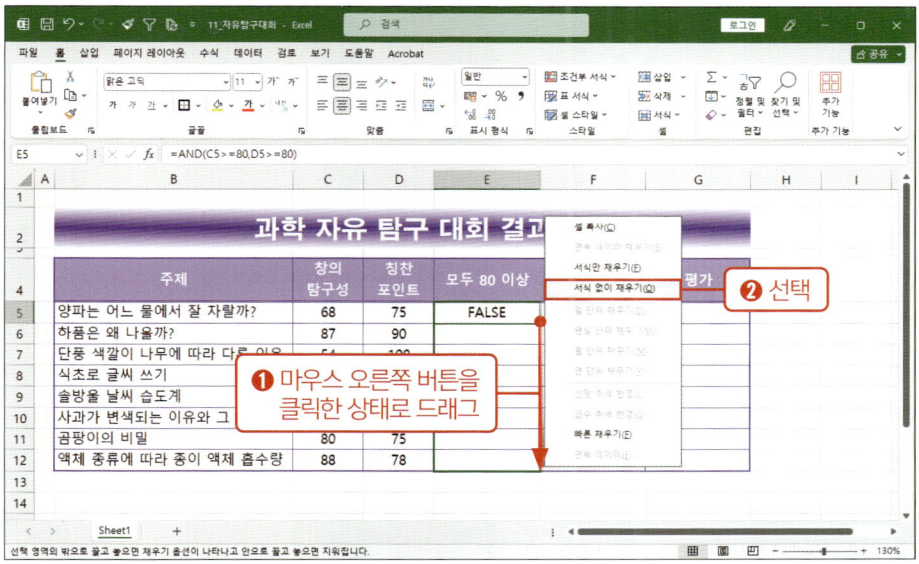

⑥ ❶~❺의 과정을 반복하여 '적어도 한 개가 80 이상' 항목의 결과값을 그림과 같이 구해 봅니다.

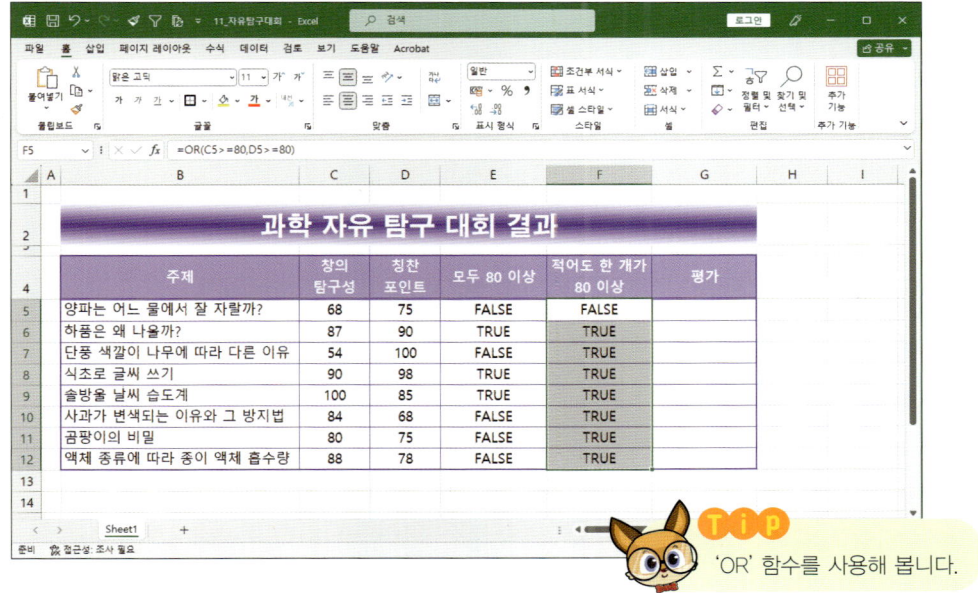

'OR' 함수를 사용해 봅니다.

미션 2 IF 함수의 사용법을 알아보아요.

1 [G5] 셀을 선택한 후 [함수삽입(fx)]을 클릭합니다. 이어서 [함수 마법사] 대화상자가 나타나면 'IF' 함수를 선택합니다.

2 [함수 인수] 대화상자가 나타나면 'Logical_test' 항목에는 두 조건을 모두 만족하는 조건식이 있는 [E5] 셀을 지정하고 'Value_if_true' 항목에는 참의 값인 '훌륭해요', 'Value_if_false' 항목에는 거짓의 값인 '잘했어요'를 각각 입력한 후 [확인] 버튼을 클릭합니다.

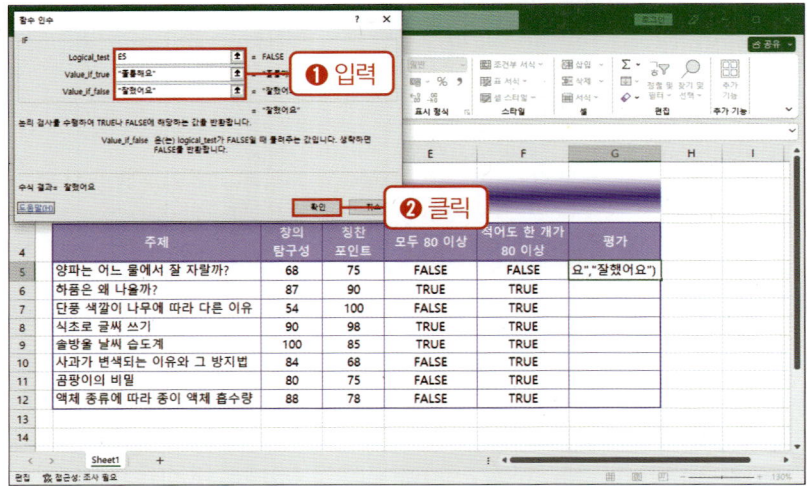

3 이어서 마우스 오른쪽 버튼을 클릭한 상태로 채우기 핸들을 [G12] 셀까지 드래그하여 바로 가기 메뉴가 나타나면 [서식 없이 채우기]를 클릭합니다.

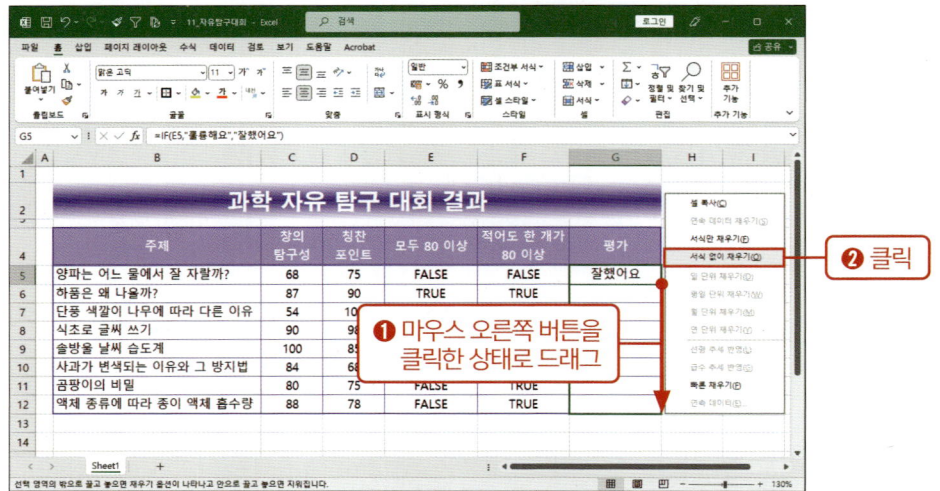

11   혼자 할 수 있어요!

01 예제 파일을 불러와 투표 개수가 모두 10개를 넘은 경우와 하나라도 10개가 넘는 경우에 따른 평가값을 구해 보세요.

• 예제 파일 : 11_인기투표.xlsx
• 완성 파일 : 11_인기투표_완성.xlsx

애니메이션 OST 인기투표 결과

이름	여자 친구의 표	남자 친구의 표	모두 10개가 넘었나요?	하나라도 10개가 넘었나요?	평가
피노키오	8	7	FALSE	FALSE	좋은 OST
알라딘	12	16	TRUE	TRUE	최고 OST
인어공주	10	7	FALSE	FALSE	좋은 OST
라이온 킹	8	15	FALSE	TRUE	좋은 OST
미녀와 야수	10	11	FALSE	TRUE	좋은 OST
신데렐라	8	6	FALSE	FALSE	좋은 OST
라푼젤	15	5	FALSE	TRUE	좋은 OST
겨울왕국	12	14	TRUE	TRUE	최고 OST

Hint
• [E5] : =AND(C5>10, D5>10)
• [F5] : =OR(C5>10, D5>10)
• [G6] : =IF(AND(C5>10, D5>10), "최고 OST", "좋은 OST")

02 예제 파일을 불러와 '한글 타자기록'과 '영어 타자기록' 점수에 따른 통과 여부와 최종 결과를 구해 보세요.

• 예제 파일 : 11_타자기록.xlsx
• 완성 파일 : 11_타자기록_완성.xlsx

한글/영문 타자 기록표

이름	한글 타자기록		영어 타자기록		최종 결과
	점수	합격 여부	점수	합격 여부	
이석진	190	합격	110	불합격	재시험
하미영	160	합격	140	합격	통과
이수진	160	합격	110	불합격	재시험
박주영	200	합격	90	불합격	재시험
황민철	180	합격	170	합격	통과
김영준	150	합격	120	불합격	재시험
이민수	230	합격	230	합격	통과
하태환	260	합격	250	합격	통과
류진희	210	합격	200	합격	통과

Hint
• [D6] : =IF(C6>=150, "합격", "불합격")
• [F6] : =IF(E6>=130, "합격", "불합격")
• [G6] : =IF(AND(D6="합격", F6="합격"), "통과", "재시험")

12 문자 함수 이용하기

학습목표

- LEFT 함수의 사용법을 알아봐요.
- MID 함수의 사용법을 알아봐요.

▶ 예제 파일 : 12_놀이마당.xlsx
▶ 완성 파일 : 12_놀이마당_완성.xlsx

미션 1 LEFT 함수의 사용법을 알아보아요.

① 바탕화면에 있는 [Excel( )]을 더블 클릭하여 프로그램을 실행합니다.

② '12_놀이마당.xlsx' 파일을 열어서 [D5] 셀을 선택한 후 [함수 삽입(fx)]을 클릭합니다. 이어서 [함수 마법사] 대화상자가 나타나면 [범주 선택]에서 '모두'를 선택하고 [함수 선택]에서 'LEFT' 함수를 선택한 후 [확인] 버튼을 클릭합니다.

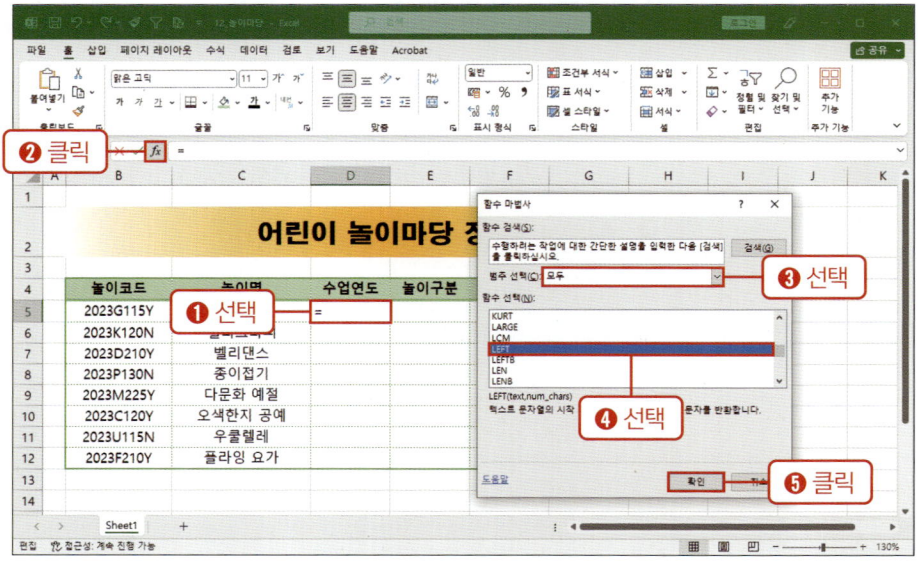

③ [함수 인수] 대화상자가 나타나면 문자를 가져오기 위해 'Text' 항목에 [B5] 셀을 입력합니다. 그리고 [B5] 셀의 4번째 문자까지 가져오기 위해 'Num_chars' 항목에 '4'를 입력하고 [확인] 버튼을 클릭합니다.

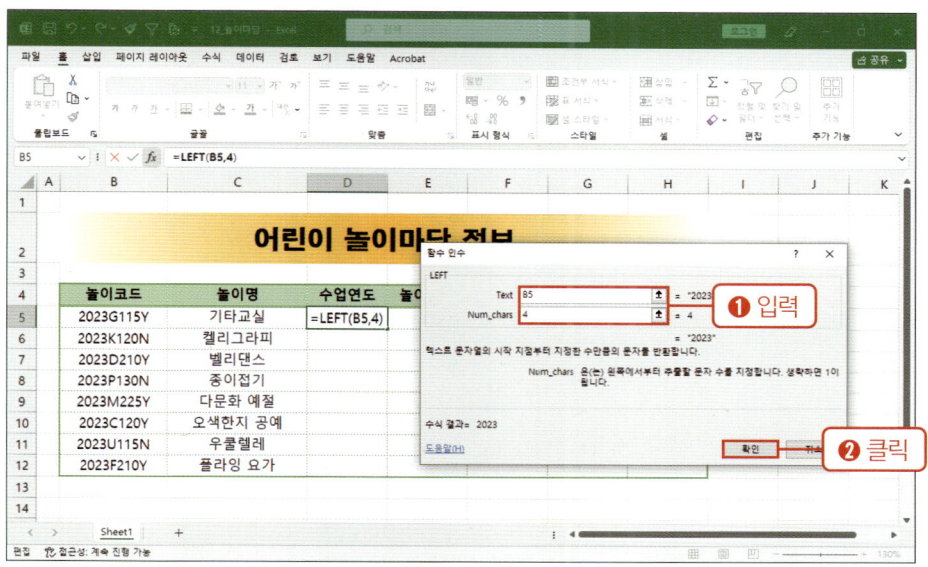

④ 이어서 마우스 오른쪽 버튼을 클릭한 상태로 채우기 핸들을 [D12] 셀까지 드래그하여 바로가기 메뉴가 나타나면 [서식 없이 채우기]를 선택합니다.

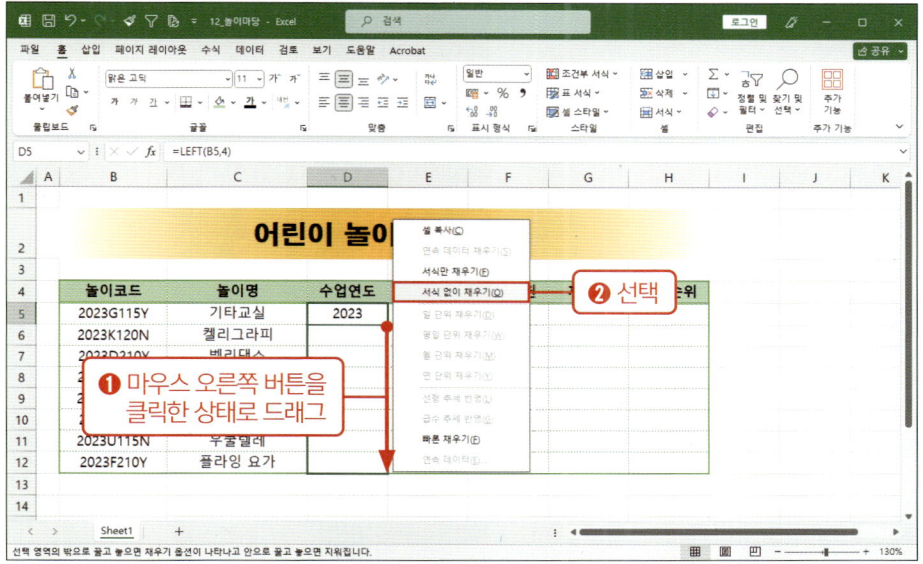

 **MID 함수의 사용법을 알아보아요.**

① [E5] 셀을 선택한 후 [함수 삽입(fx)] 클릭합니다. 이어서 [함수 마법사] 대화상자가 나타나면 'MID' 함수를 선택합니다.

② [함수 인수] 대화상자가 나타나면 문자를 가져오기 위해 'Text', 'Start_num', 'Num_chars' 항목을 그림과 같이 입력한 후 [확인] 버튼을 클릭하고 마우스 오른쪽 버튼을 클릭한 상태로 채우기 핸들을 [E12] 셀까지 드래그하여 [서식 없이 채우기]를 선택합니다.

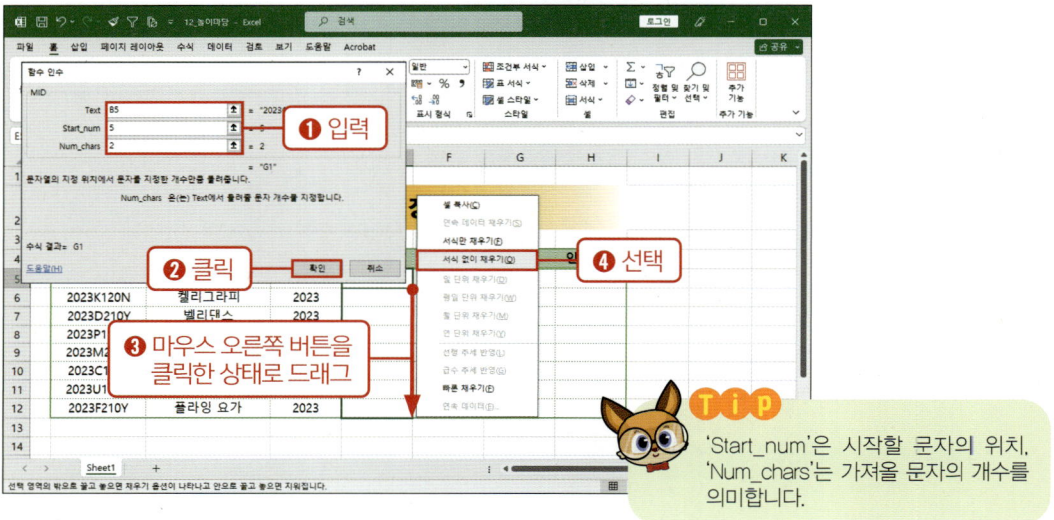

TIP : 'Start_num'은 시작할 문자의 위치, 'Num_chars'는 가져올 문자의 개수를 의미합니다.

③ ①~②와 같은 방법으로 '참여인원' 항목의 결과값을 그림과 같이 구해 봅니다.

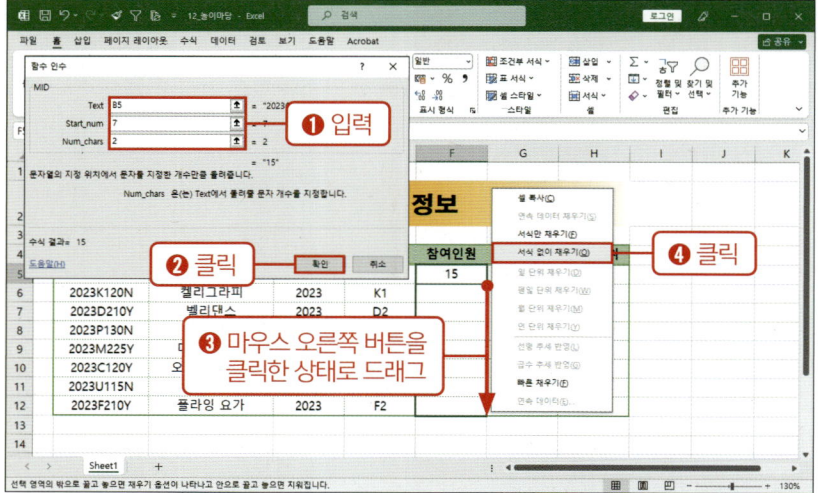

12 혼자 할 수 있어요!

01 예제 파일을 불러와 '회원코드' 앞자리 4개는 연도, 다음 두 글자는 월, 나머지 두 글자는 일로 표시되도록 문자 함수를 이용해 구해 보세요.

• 예제 파일 : 12_온라인독서.xlsx
• 완성 파일 : 12_온라인독서_완성.xlsx

Hint
• [F6] : =LEFT(B6, 4)
• [G6] : =MID(B6, 5, 2)
• [H6] : =MID(B6, 7, 2)

02 예제 파일을 불러와 '대출일자코드' 앞자리 4가는 연도, 다음 두 글자는 월, 나머지 두 글자는 일로 표시되도록 문자 함수를 이용해 구해 보세요.

• 예제 파일 : 12_도서대출.xlsx
• 완성 파일 : 12_도서대출_완성.xlsx

Hint
• [D6] : =LEFT(B6, 4)
• [E6] : =MID(B6, 5, 2)
• [F6] : =MID(B6, 7, 2)

13 차트 만들기

학습목표

- 세로 막대형 차트를 만들어요.
- 차트 디자인을 변경해요.

▶ 예제 파일 : 13_좋아하는 과목.xlsx
▶ 완성 파일 : 13_좋아하는 과목_완성.xlsx

미션 1 세로 막대형 차트를 만들어 보아요.

❶ 바탕화면에 있는 [Excel( )]을 더블 클릭하여 프로그램을 실행합니다.

❷ '13_좋아하는 과목.xlsx' 파일을 열어서 [B4:D11] 셀을 선택한 후 [삽입] 탭–[차트] 그룹–[세로 또는 가로 막대형 차트 삽입( )]–[3차원 묶은 세로 막대형( )]을 선택합니다.

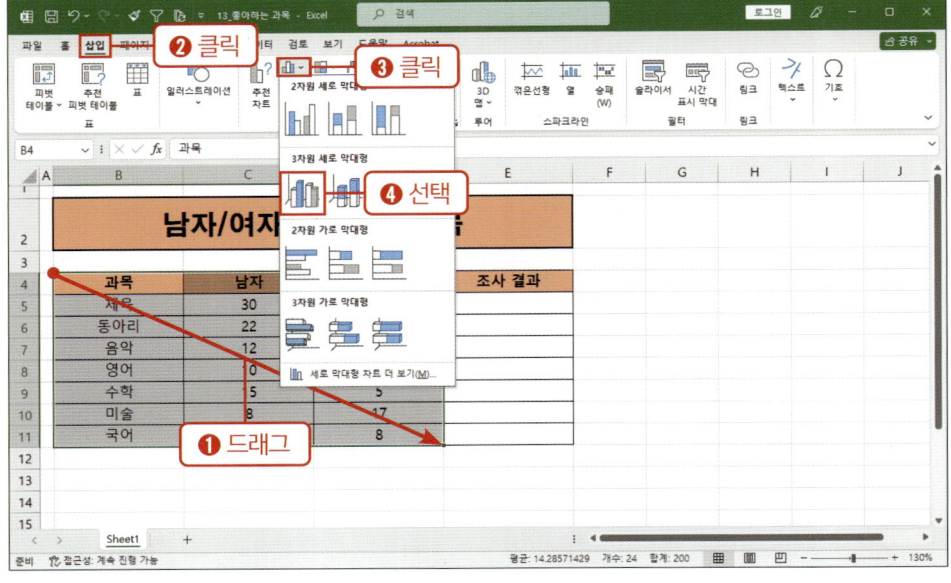

3 차트가 삽입되고 [차트 디자인] 탭-[위치] 그룹-[차트 이동]을 클릭하여 [차트 이동] 대화상자가 나타나면 '새 시트' 항목을 선택한 다음 '남여 좋아하는 과목 비교'를 입력한 후 [확인] 버튼을 클릭합니다.

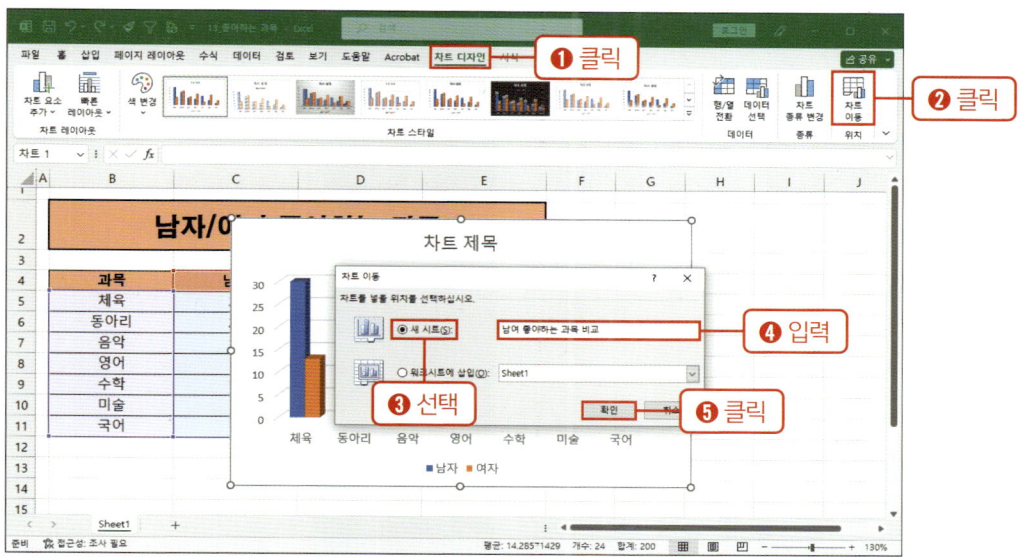

4 '남여 좋아하는 과목 비교' 시트가 생성되고 차트가 이동된 것을 확인합니다.

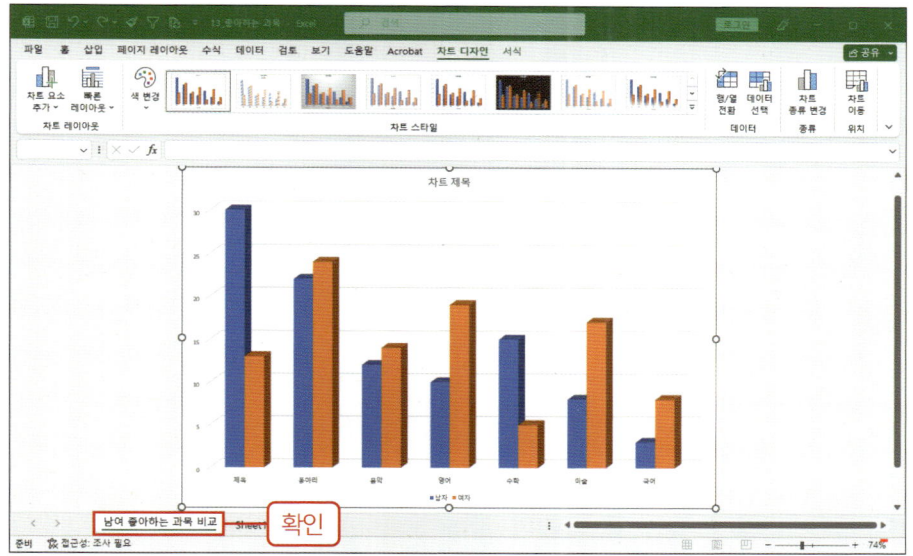

미션 2 차트 디자인을 변경해 보아요.

① [차트 디자인] 탭-[차트 스타일] 그룹의 '스타일 5'를 선택하고 결과를 확인합니다.

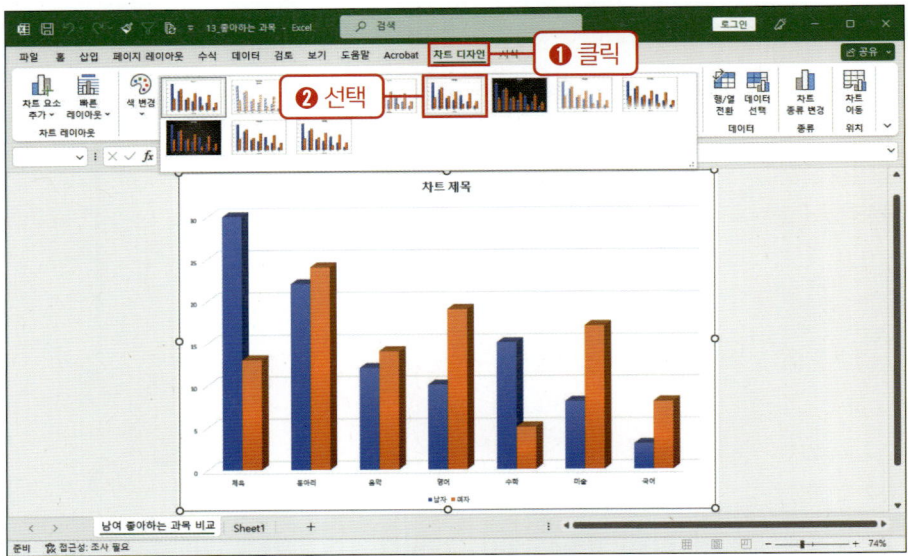

② [차트 레이아웃] 그룹-[빠른 레이아웃(🖼)] 클릭하고 '레이아웃 5'를 선택한 후 결과를 확인합니다.

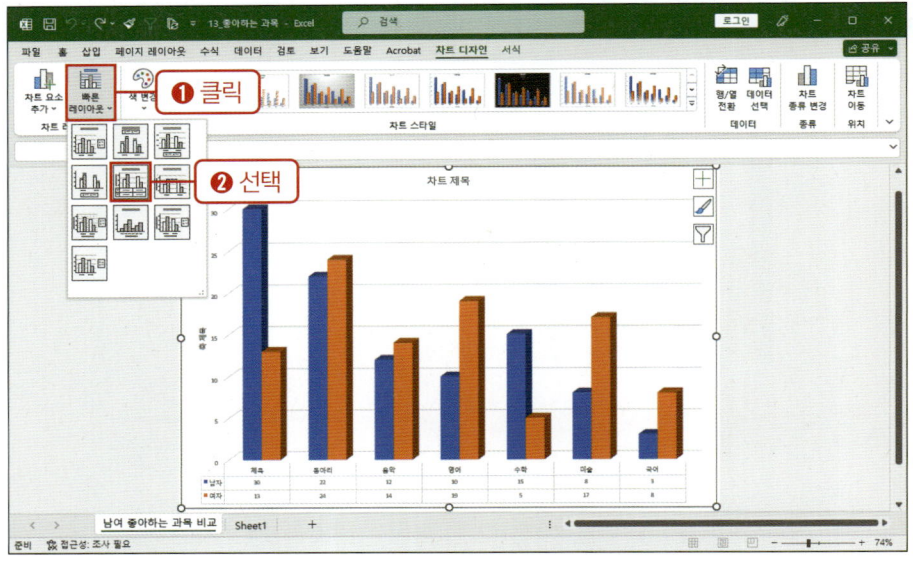

13  혼자 할 수 있어요!

01 예제 파일을 불러와 '모둠별' '9월'에서 '1월'의 독서량을 비교하는 차트를 만들고 새 시트에 차트를 삽입한 후 차트 스타일과 차트 레이아웃을 지정해 보세요.

• 예제 파일 : 13_독서량.xlsx
• 완성 파일 : 13_독서량_완성.xlsx

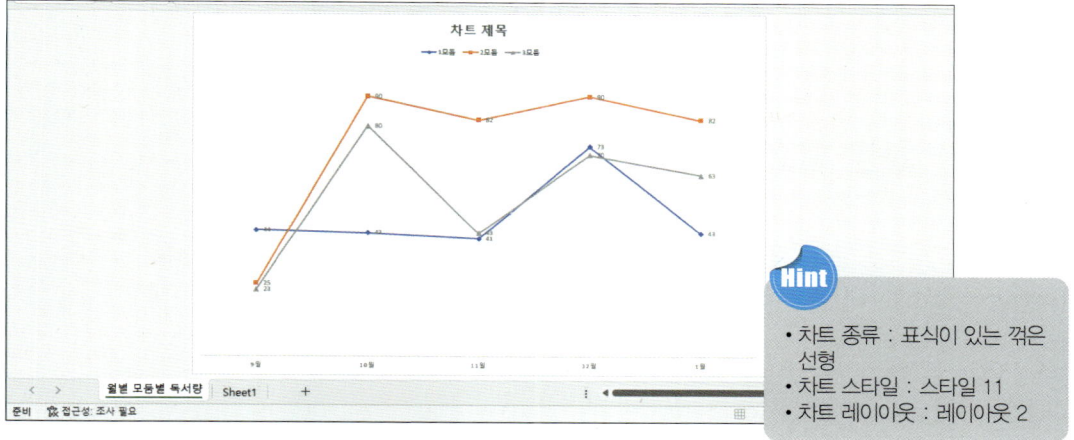

Hint
• 차트 종류 : 표식이 있는 꺾은 선형
• 차트 스타일 : 스타일 11
• 차트 레이아웃 : 레이아웃 2

02 예제 파일을 불러와 '공부 장소'별로 선호하는 '비율'을 비교하는 차트를 만들고 차트 스타일과 차트 레이아웃을 지정해 보세요.

• 예제 파일 : 13_공부장소.xlsx
• 완성 파일 : 13_공부장소_완성.xlsx

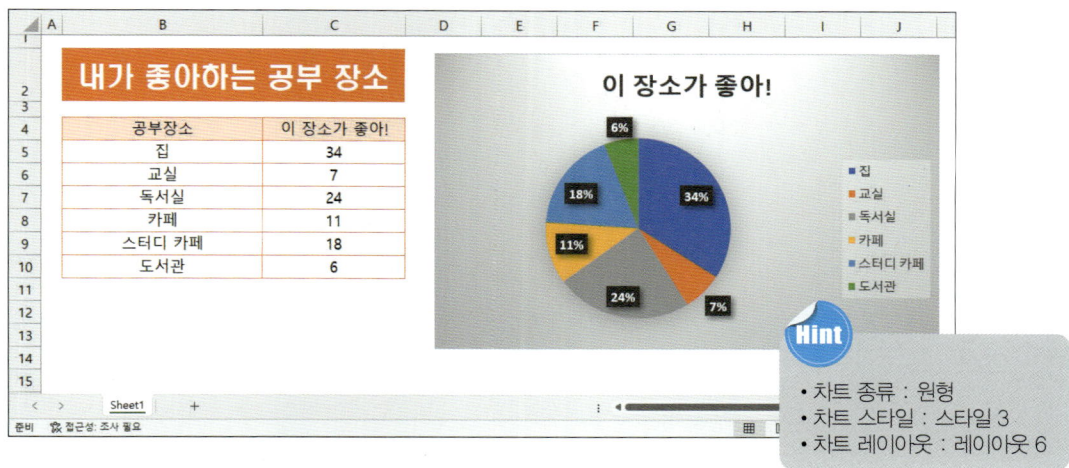

Hint
• 차트 종류 : 원형
• 차트 스타일 : 스타일 3
• 차트 레이아웃 : 레이아웃 6

14 차트 편집하기

학습목표

- 차트 제목과 축 제목을 편집해요.
- 데이터 레이블과 범례를 편집해요.

▶ 예제 파일 : 14_좋아하는 과목.xlsx
▶ 완성 파일 : 14_좋아하는 과목_완성.xlsx

미션 1 차트 제목과 축 제목을 편집해 보아요.

① 바탕화면에 있는 [Excel( )]을 더블 클릭하여 프로그램을 실행합니다.

② '14_좋아하는과목.xlsx' 파일을 열어서 '차트 제목'과 '축 제목'의 내용을 그림과 같이 수정한 후 서식을 지정합니다.

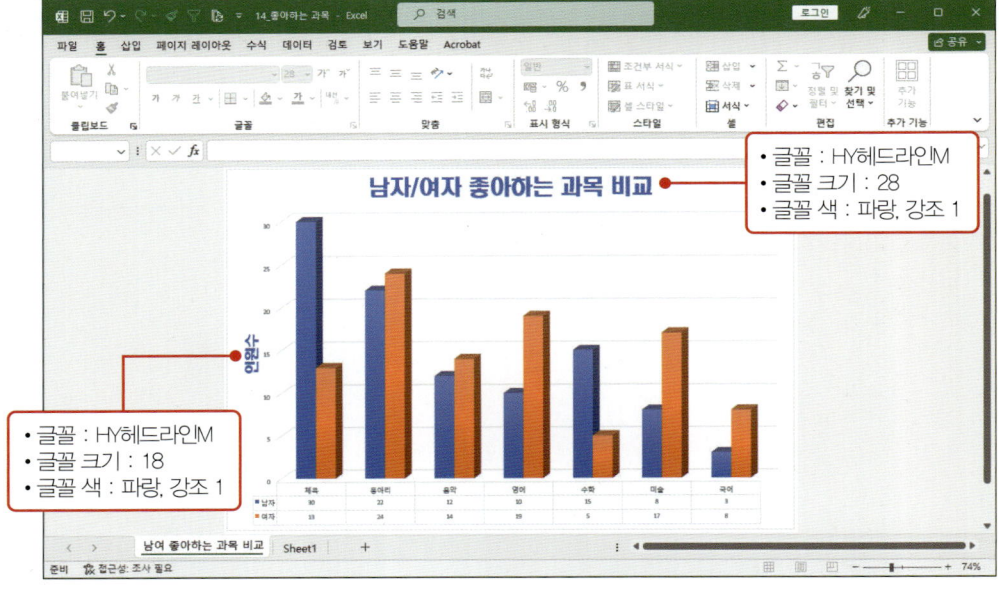

- 글꼴 : HY헤드라인M
- 글꼴 크기 : 28
- 글꼴 색 : 파랑, 강조 1

- 글꼴 : HY헤드라인M
- 글꼴 크기 : 18
- 글꼴 색 : 파랑, 강조 1

3 차트 제목을 선택한 후 [서식] 탭-[WordArt 스타일] 그룹-[빠른 스타일]-[무늬채우기: 청회색, 어두운 상향 대각선 줄무늬, 진한 그림자]를 선택합니다.

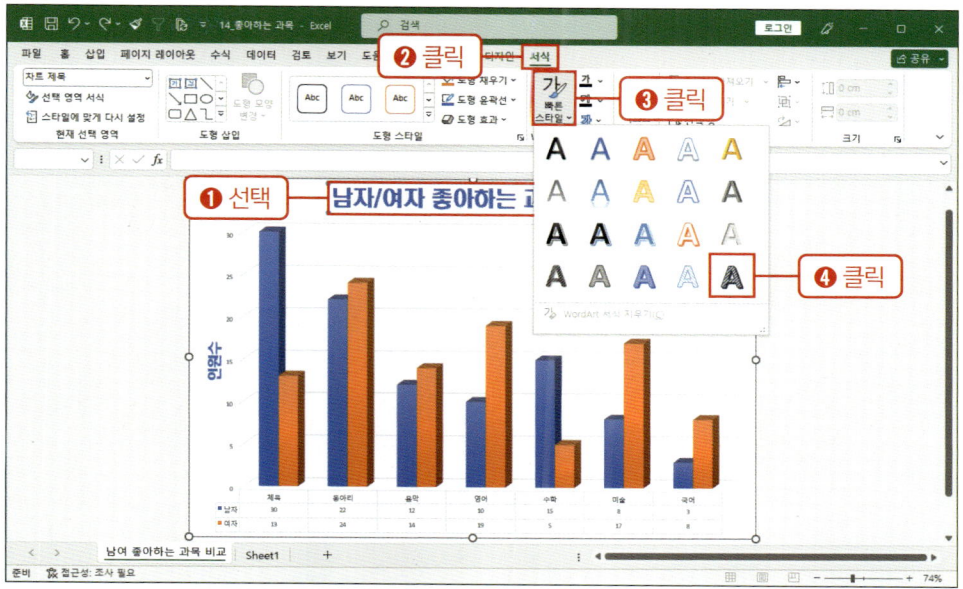

4 '축 제목'을 더블 클릭하여 화면 오른쪽에 [축 제목 서식] 창이 나타나면 [크기 및 속성]-[맞춤]-[텍스트 방향]-[세로]로 선택한 후 결과를 확인합니다.

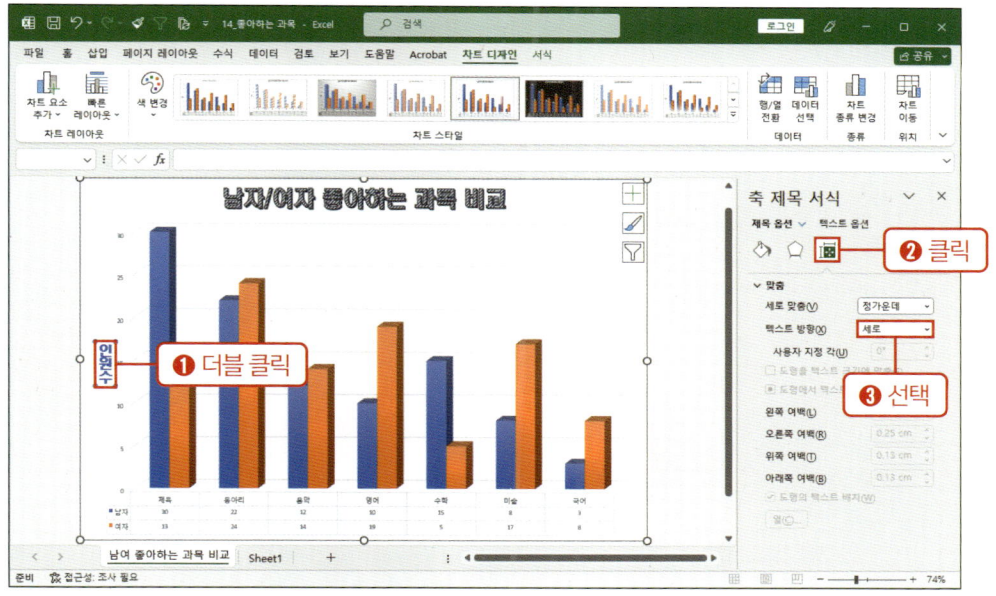

미션 2   데이터 레이블과 범례를 편집해 보아요.

❶ '여자' 데이터의 차트 항목을 선택한 후 마우스 오른쪽 버튼을 클릭하여 바로가기 메뉴가 나타나면 [데이터 레이블 추가]-[데이터 레이블 추가]를 선택합니다.

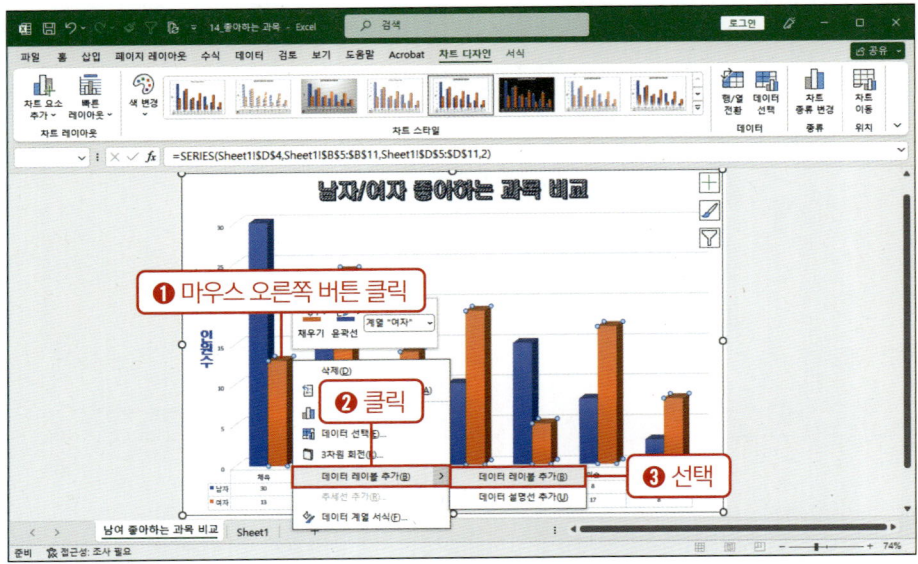

❷ 데이터 레이블을 선택한 후 그림과 같이 서식을 변경하고 [차트 디자인] 탭-[차트 레이아웃] 그룹-[차트 요소 추가]-[범례]-[아래쪽]을 선택합니다.

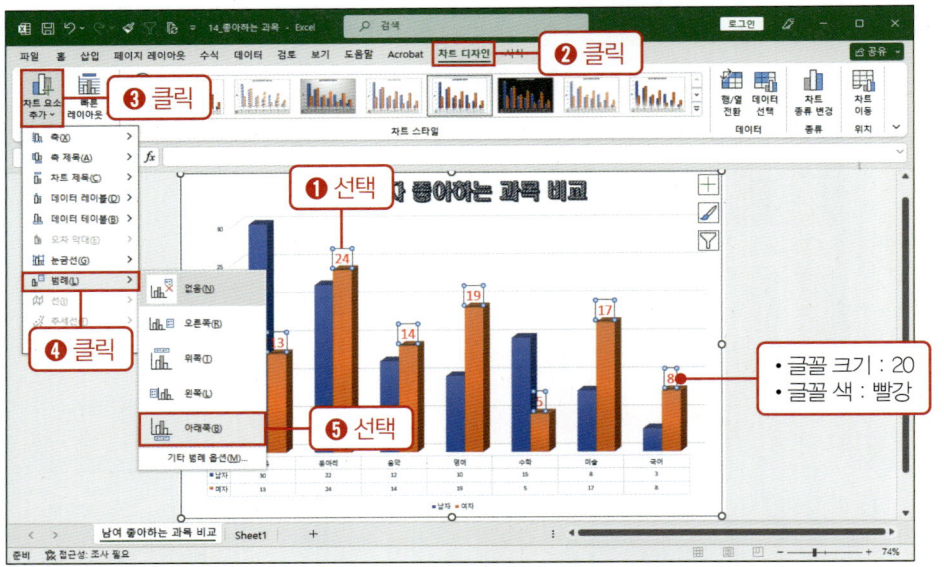

- 글꼴 크기 : 20
- 글꼴 색 : 빨강

❸ '세로 축'과 '데이터 표' 영역을 각각 선택한 후 글꼴 크기를 '20'으로 지정합니다.

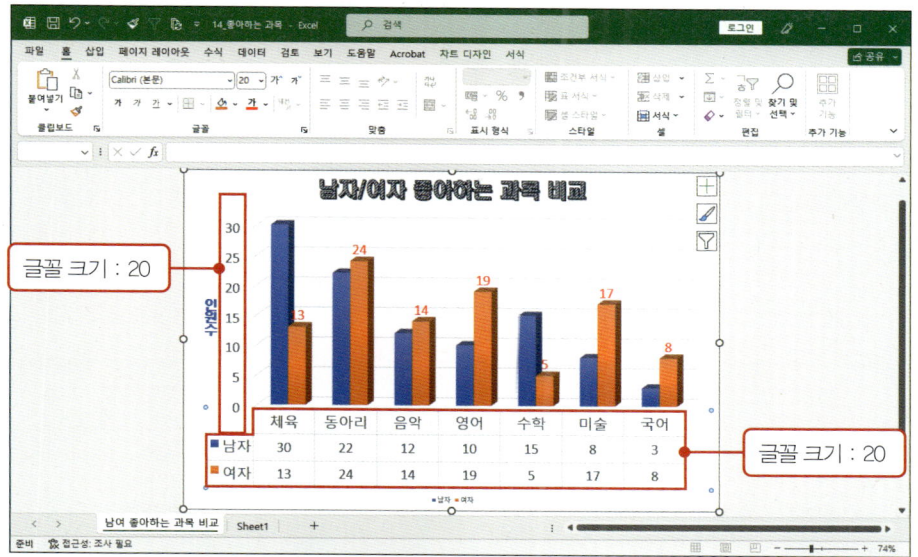

❹ '세로 축' 항목을 더블 클릭하여 화면 오른쪽에 [축 서식] 창이 나타나면 [축 옵션(▮▮)]을 클릭합니다. 그리고 [축 옵션(▮▮)]의 '경계'와 '단위'를 그림과 같이 지정한 후 [닫기(✕)] 버튼을 클릭합니다.

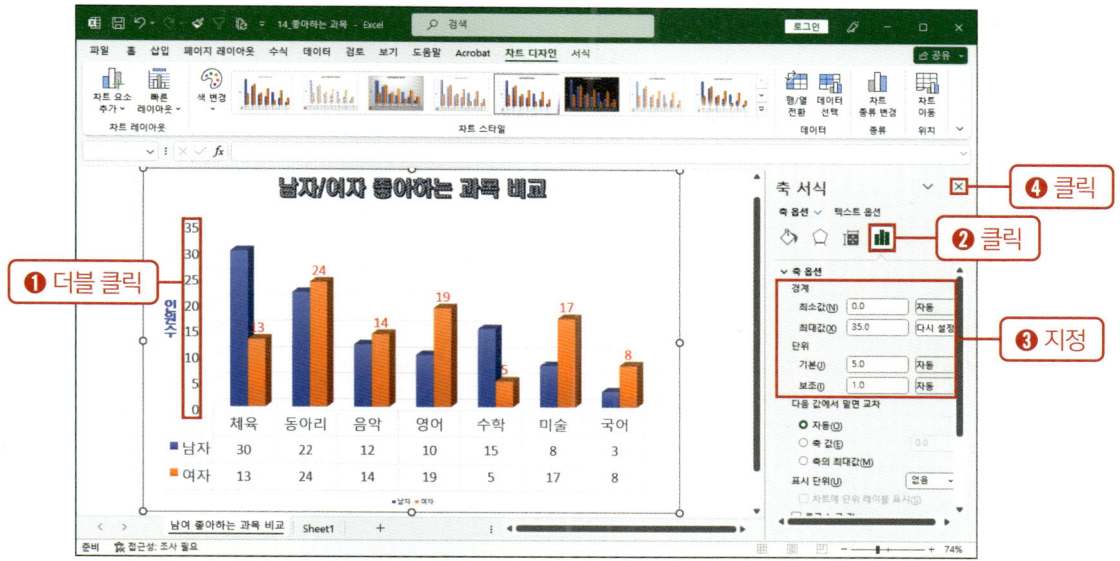

14 혼자 할 수 있어요!

01 예제 파일을 불러와 '차트 제목'과 '범례', '세로축', '가로축' 항목의 서식을 그림과 같이 변경해 보세요.

• 예제 파일 : 14_독서량.xlsx
• 완성 파일 : 14_독서량_완성.xlsx

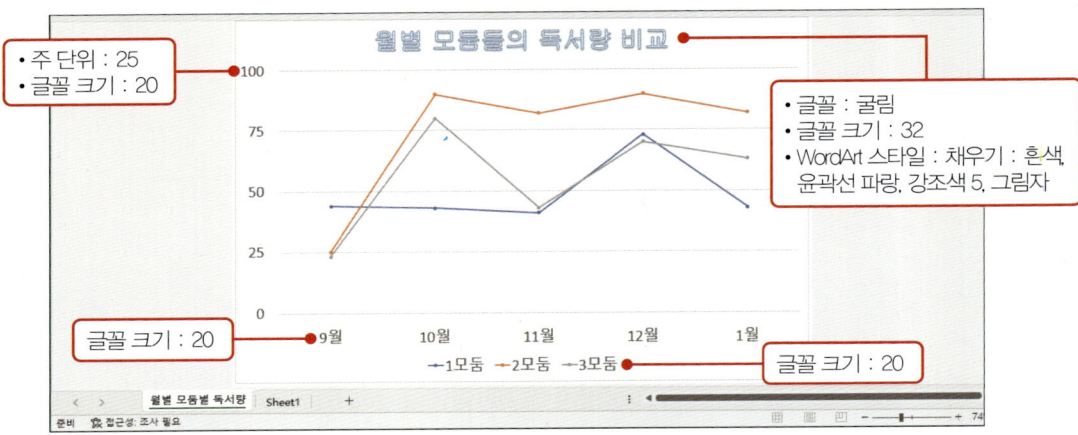

- 주 단위 : 25
- 글꼴 크기 : 20

- 글꼴 : 굴림
- 글꼴 크기 : 32
- WordArt 스타일 : 채우기 : 흰색, 윤곽선 파랑, 강조색 5, 그림자

- 글꼴 크기 : 20

- 글꼴 크기 : 20

02 예제 파일을 불러와 '차트 제목'과 '범례', '데이터 레이블' 항목의 서식을 그림과 같이 변경해 보세요.

• 예제 파일 : 14_공부장소.xlsx
• 완성 파일 : 14_공부장소_완성.xlsx

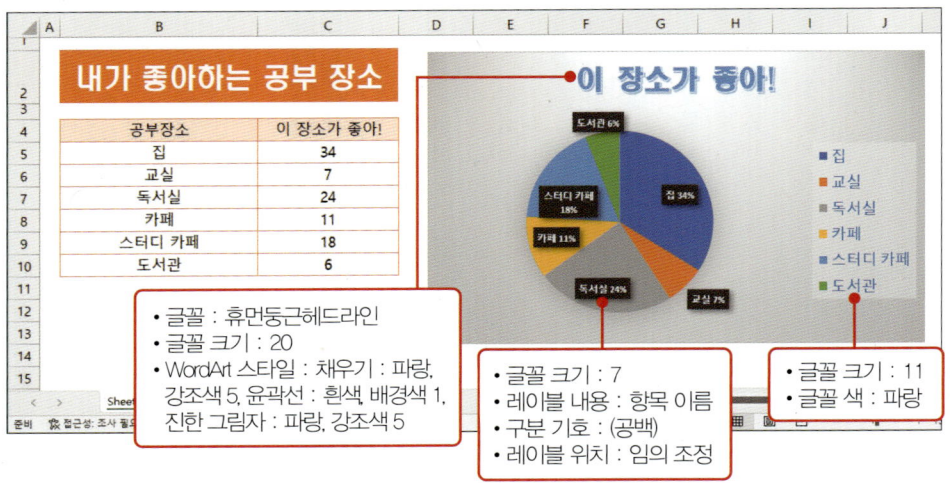

- 글꼴 : 휴먼둥근헤드라인
- 글꼴 크기 : 20
- WordArt 스타일 : 채우기 : 파랑, 강조색 5, 윤곽선 : 흰색, 배경색 1, 진한 그림자 : 파랑, 강조색 5

- 글꼴 크기 : 7
- 레이블 내용 : 항목 이름
- 구분 기호 : (공백)
- 레이블 위치 : 임의 조정

- 글꼴 크기 : 11
- 글꼴 색 : 파랑

15 필터로 데이터 추출하기

학습목표
- 자동 필터 사용법을 알아봐요.
- 하이퍼링크 사용법을 알아봐요.

▶ 예제 파일 : 15_악기대회.xlsx
▶ 완성 파일 : 15_악기대회_완성.xlsx

미션 1 자동 필터로 데이터를 추출해 보아요.

① 바탕화면에 있는 [Excel()]을 더블 클릭하여 프로그램을 실행합니다.

② '15_악기대회.xlsx' 파일을 열어서 [B4] 셀을 선택한 후 [데이터] 탭-[정렬 및 필터] 그룹-[필터(▽)]를 클릭하여 각 항목의 오른쪽 아래에 [필터 버튼(▼)]이 표시되는 것을 확인합니다.

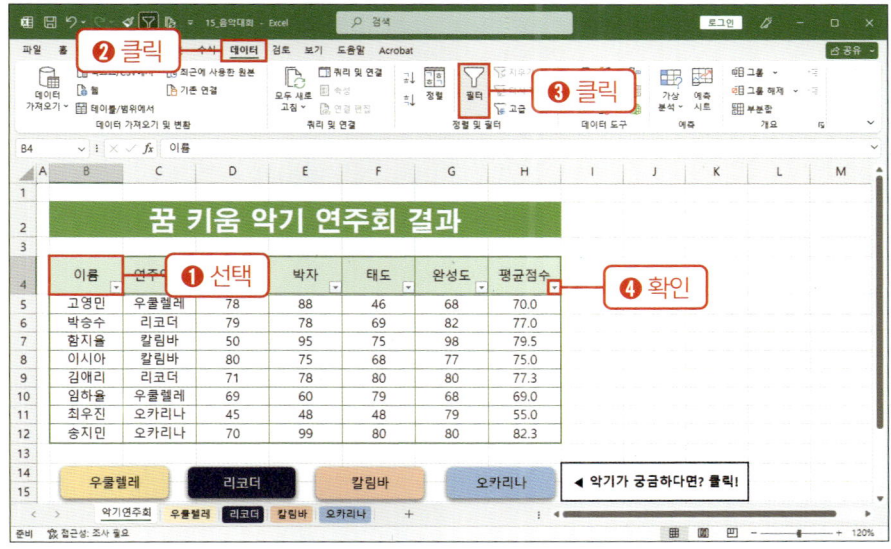

77

❸ '연주악기'의 [필터 버튼(▼)]을 클릭하여 그림과 같이 '우쿨렐레', '칼림바' 항목만 체크하고 [확인] 버튼을 클릭합니다.

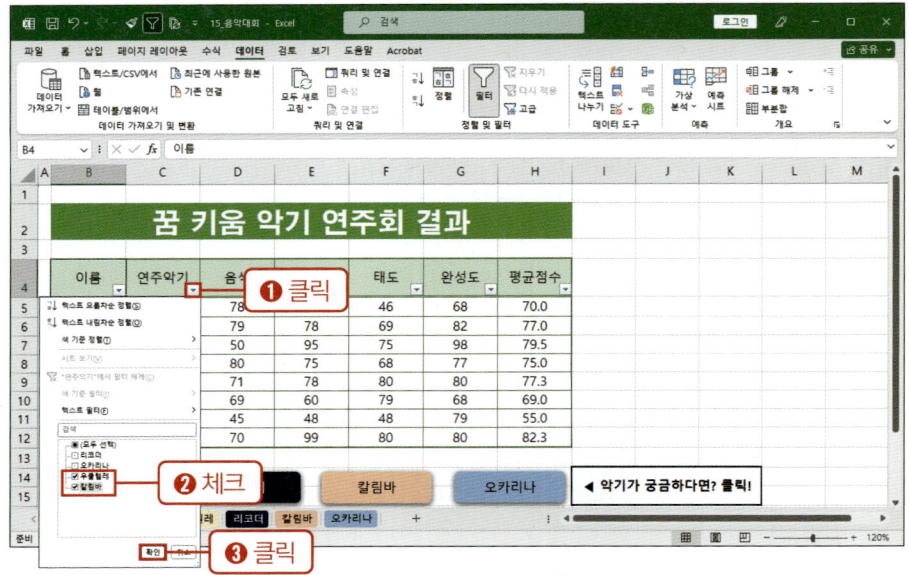

❹ '연주악기'가 '우쿨렐레'와 '칼림바'인 데이터만 표시되는 것과 해당 행의 번호가 파란색으로 표시되는 것을 확인합니다.

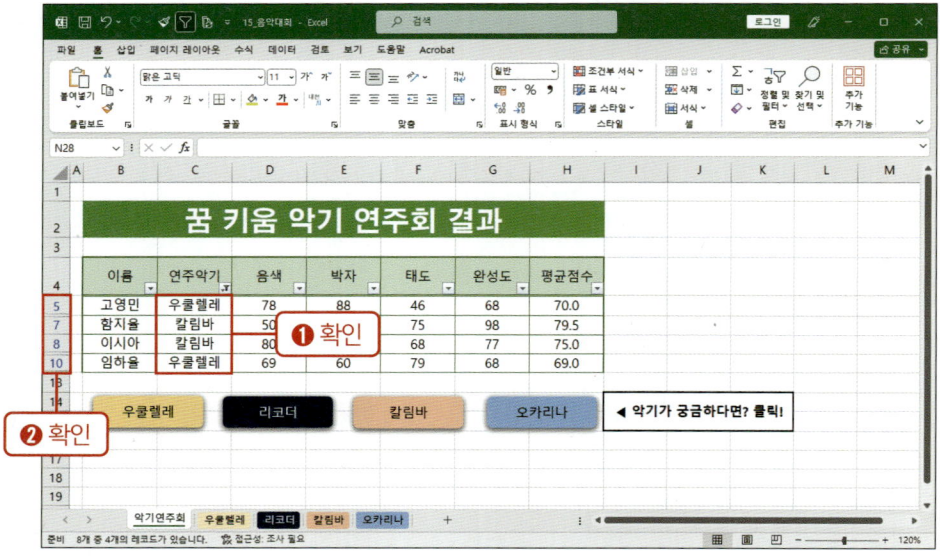

5. [데이터] 탭-[정렬 및 필터] 그룹-[지우기(⧖)]를 클릭하여 적용된 자동 필터 결과를 모두 삭제합니다.

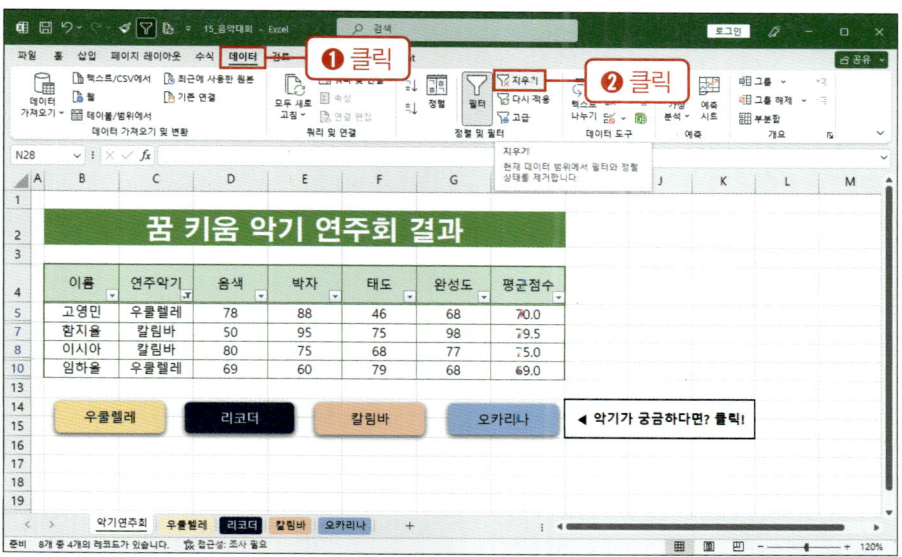

6. '완성도'의 [필터 버튼(▼)]을 클릭하여 [숫자 필터]-[크거나 같음]을 선택합니다.

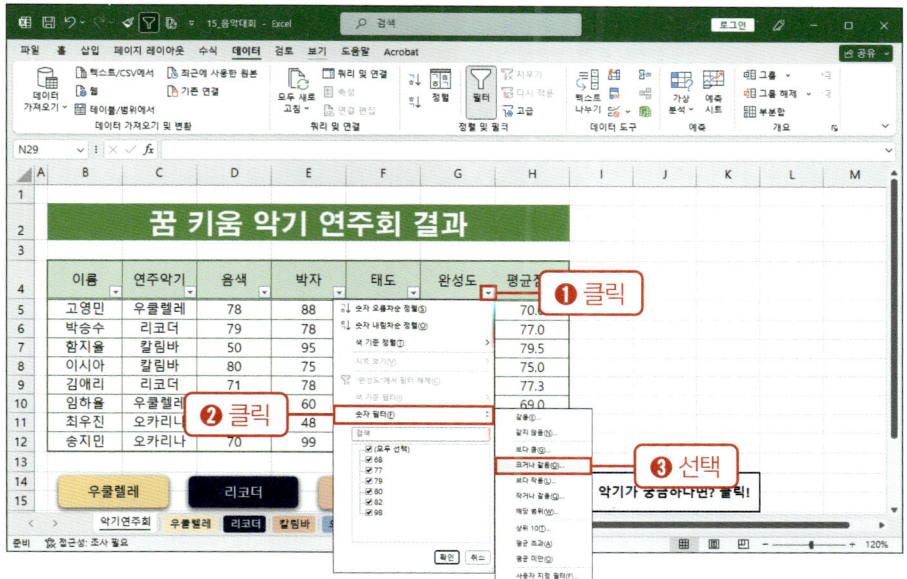

7 [사용자 지정 자동 필터] 대화상자가 나타나면 그림과 같이 조건을 지정한 후 [확인] 버튼을 클릭합니다.

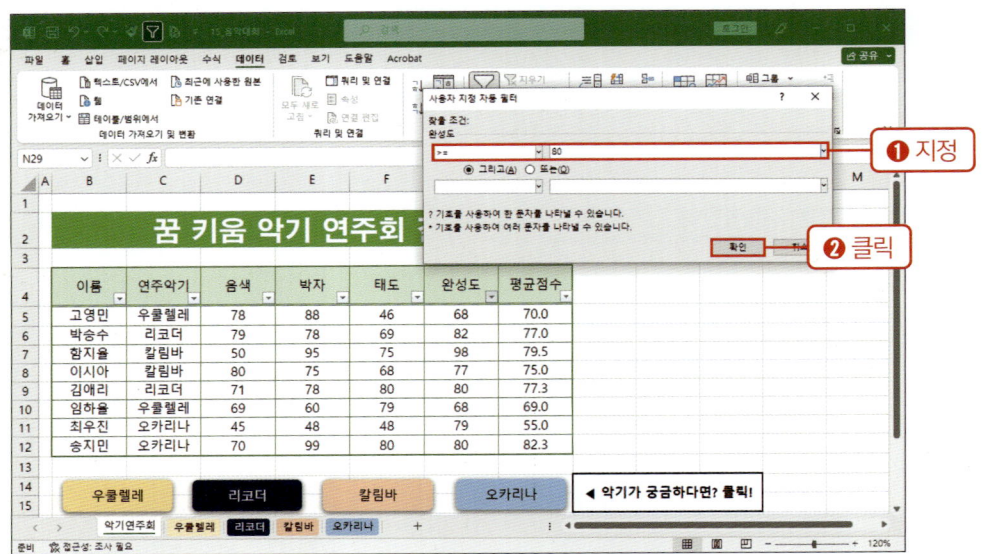

8 '완성도' 값이 80점 이상인 데이터 항목만 표시되는 것을 확인한 후 [필터]를 다시 클릭하여 필터 작업을 종료합니다.

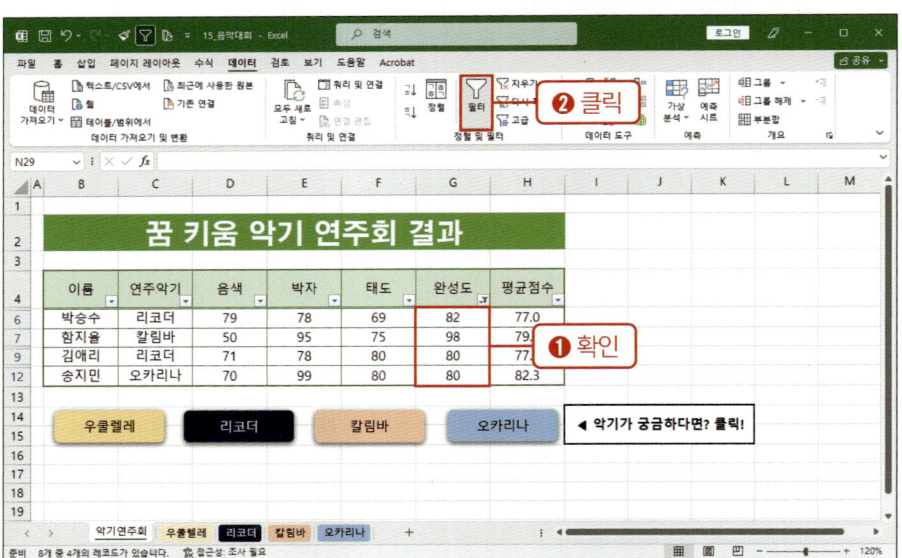

 **하이퍼링크를 이용하여 악기 정보를 확인해 보아요.**

① '우쿨렐레' 도형을 선택한 후 [삽입] 탭-[링크] 그룹-[링크(🔗)]를 클릭합니다.

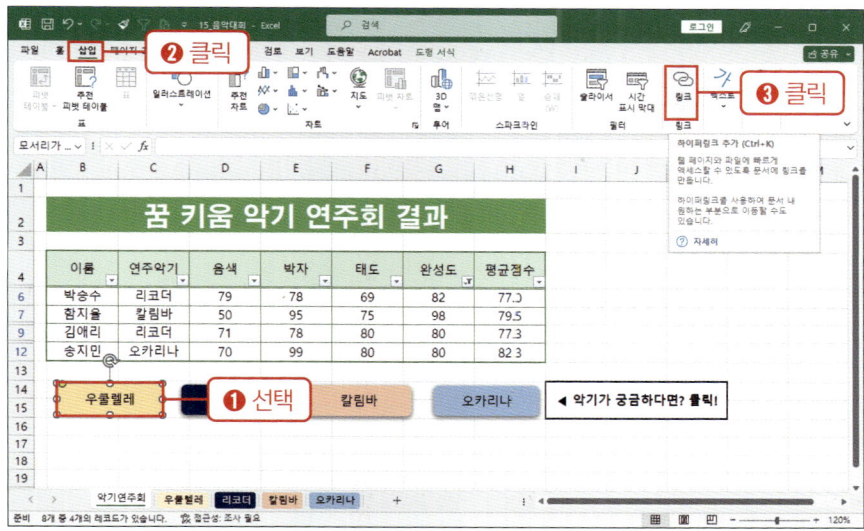

② [하이퍼링크 편집] 대화상자가 나타나면 [현재 문서]를 클릭하고 '이 문서에서 위치 선택'에서 '우쿨렐레'를 선택한 다음 [확인] 버튼을 클릭합니다.

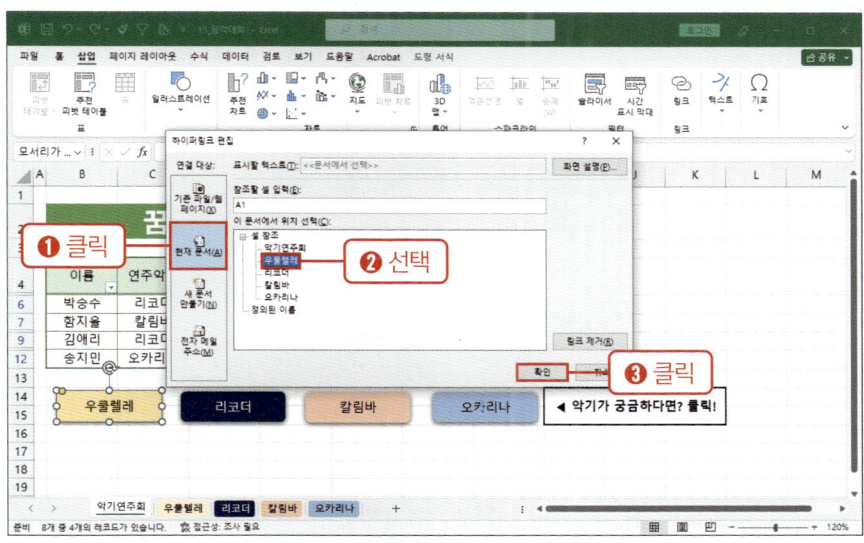

③ ①~②의 과정을 반복하여 '리코더', '칼림바', '오카리나' 악기도 하이퍼링크를 연결해 봅니다.

혼자 할 수 있어요!

• 예제 파일 : 15_혈액형 조사.xlsx
• 완성 파일 : 15_혈액형 조사_완성.xlsx

01 예제 파일을 불러와 자동 필터를 이용하여 'A형'과 'B형' 모두 '60' 보다 큰 데이터를 그림과 같이 추출하고 하이퍼링크를 연결해 보세요.

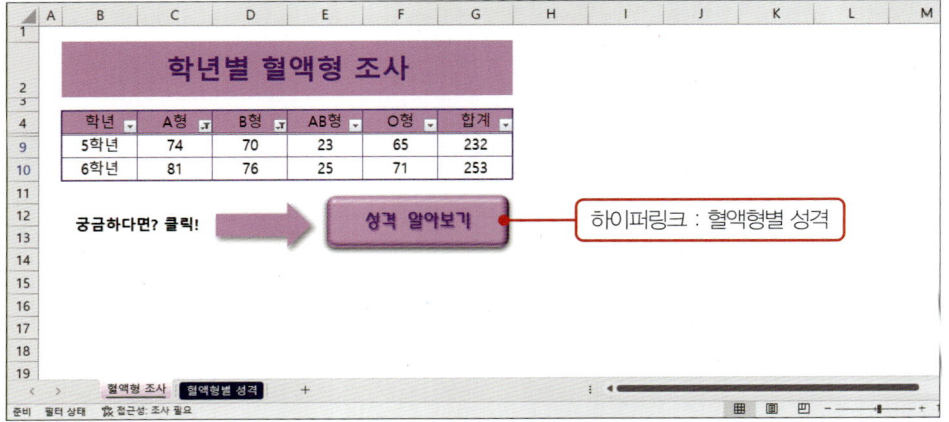

02 '혈액형별 성격' 시트로 이동한 후 '처음으로' 도형에 하이퍼링크를 연결해 보세요.

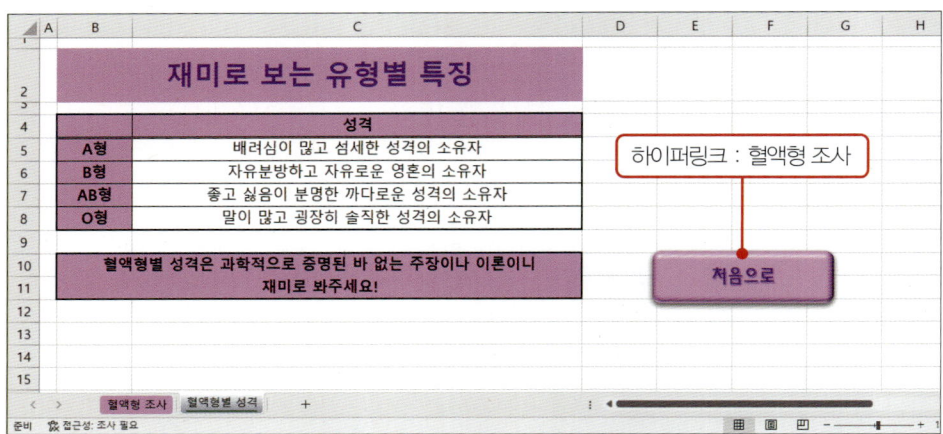

16 부분합 구하기

학습목표
- 부분합을 구하는 방법을 알아봐요.
- 도형으로 제목을 삽입해요.

▶ 예제 파일 : 16_소프트웨어대회.xlsx
▶ 완성 파일 : 16_소프트웨어대회_완성.xlsx

미션 1 부분합으로 학년별 평균값을 알아보아요.

① 바탕화면에 있는 [Excel(📊)]을 더블 클릭하여 프로그램을 실행합니다.

② '16_악기대회.xlsx' 파일을 열어서 [C5] 셀을 선택한 후 [데이터] 탭-[정렬 및 필터] 그룹-[숫자 오름차순 정렬(🔼)]을 클릭하여 학년이 낮은 데이터가 올라가는 것을 확인합니다.

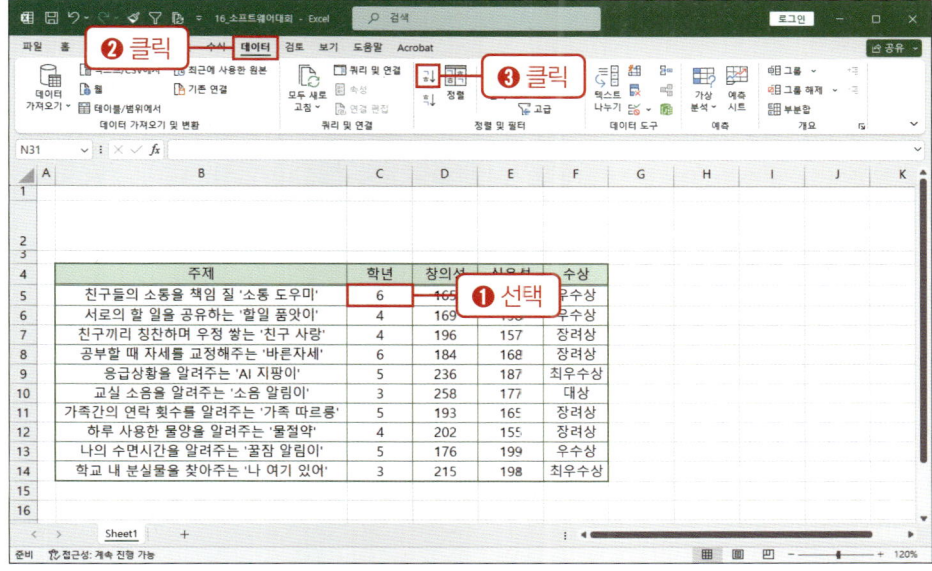

16 · 부분합 구하기 83

❸ 이어서 [데이터] 탭-[개요] 그룹-[부분합(▦)]을 클릭하여 [부분합] 대화상자가 나타나면 '그룹화할 항목'을 '학년'으로 '사용할 함수'를 '평균'으로 선택하고 '부분합 계산 항목'에서 [창의성]과 [실용성]에 체크한 후 [확인] 버튼을 클릭합니다.

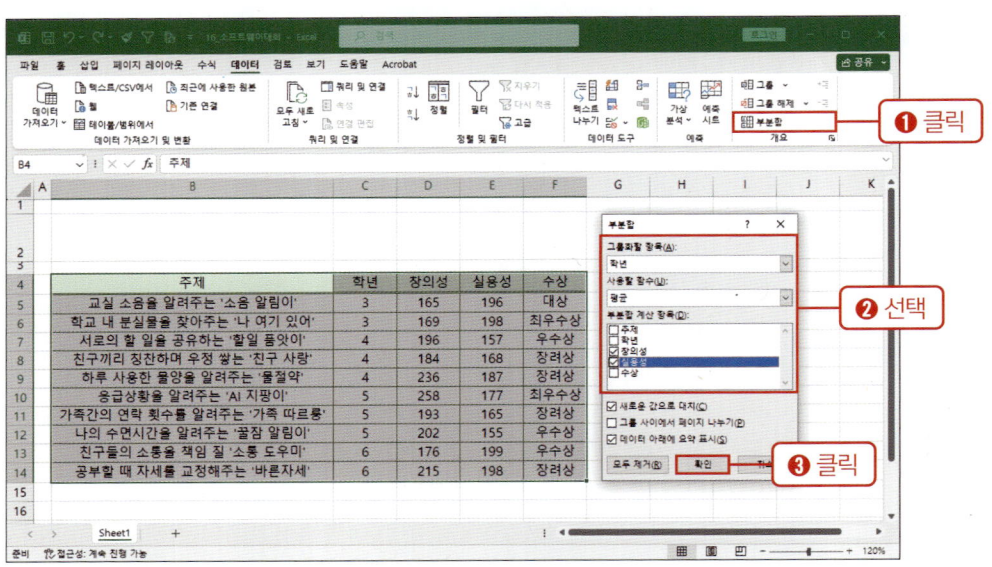

❹ 학년별로 '창의성', 실용성', 항목의 평균 결과값이 표시되는 것을 확인합니다.

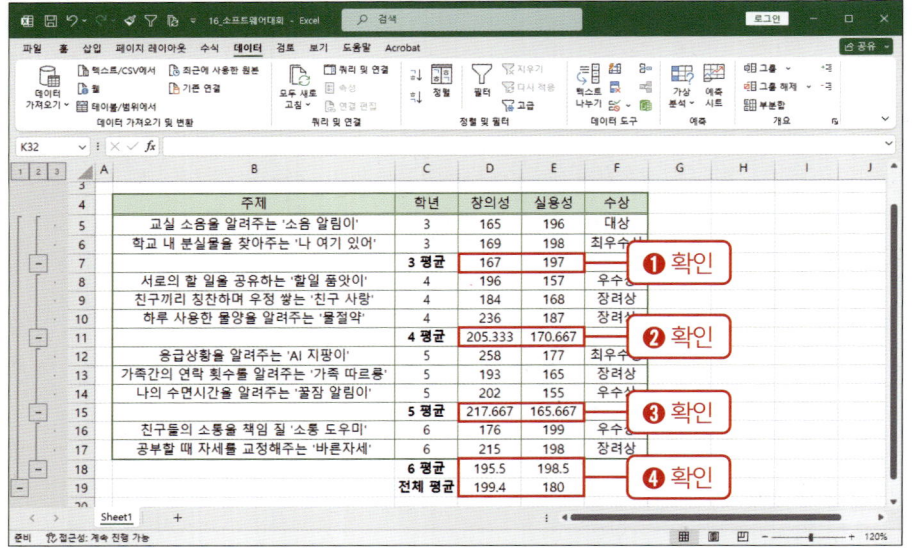

⑤ 다시 [부분합(🔳)]을 클릭하여 [부분합] 대화상자가 나타나면 '사용할 함수'를 '합계'로 변경한 후 [확인] 버튼을 클릭하고 학년별로 '창의성', '실용성' 항목의 합계 결과가 표시되는 것을 확인합니다.

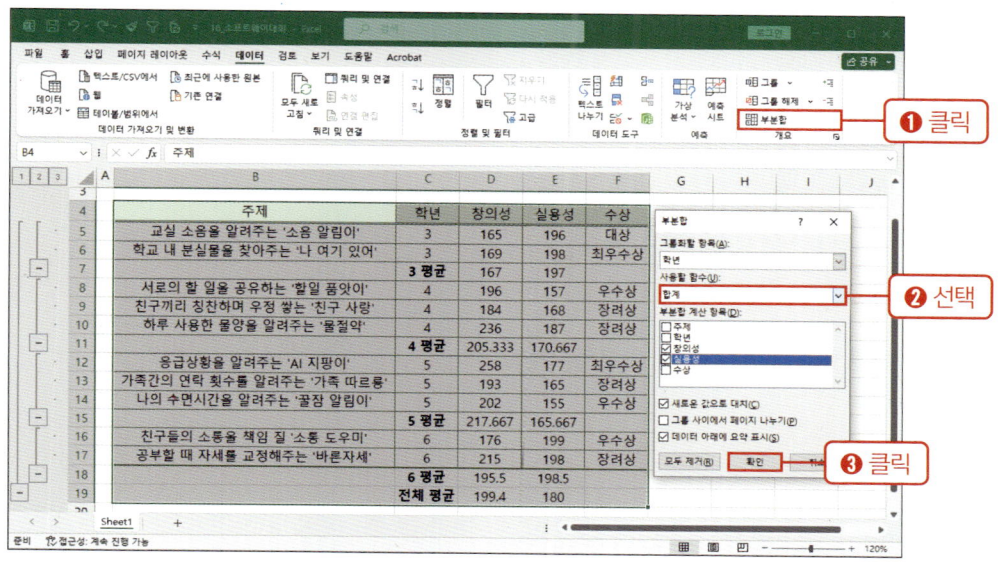

⑥ 이어서 다시 [부분합(🔳)]을 클릭하고 [부분합] 대화상자에서 [모두 제거] 버튼을 클릭하여 부분합 결과가 삭제되는 것을 확인합니다.

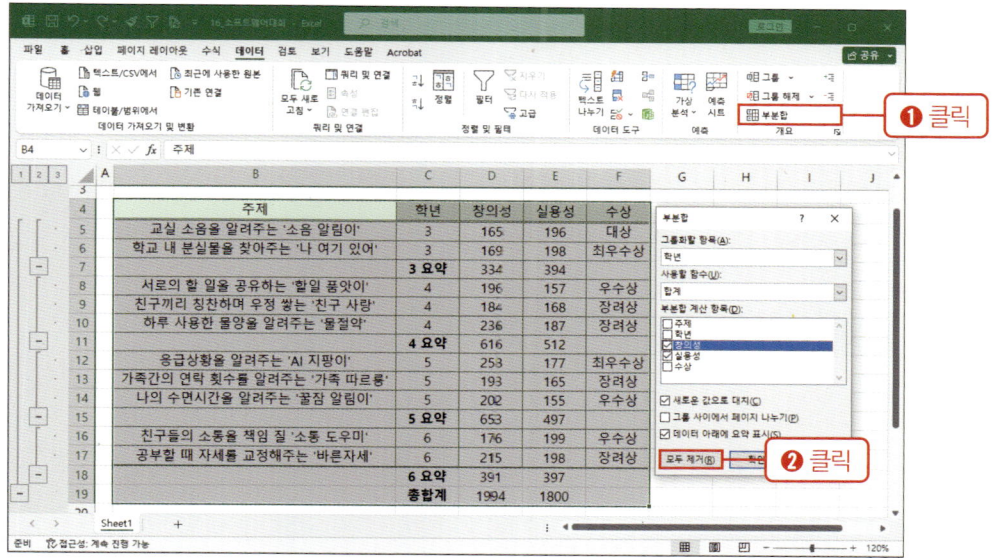

미션 2 도형으로 제목을 삽입해 보아요.

❶ [삽입] 탭-[일러스트레이션] 그룹-[도형]의 [별 및 현수막]-[두루마리 모양: 가로로 말림]을 선택하여 워크시트에 삽입한 후 [도형 서식] 탭-[도형 스타일] 그룹-빠른 스타일을 클릭하고 '색 채우기 – 녹색, 강조 6'을 선택합니다.

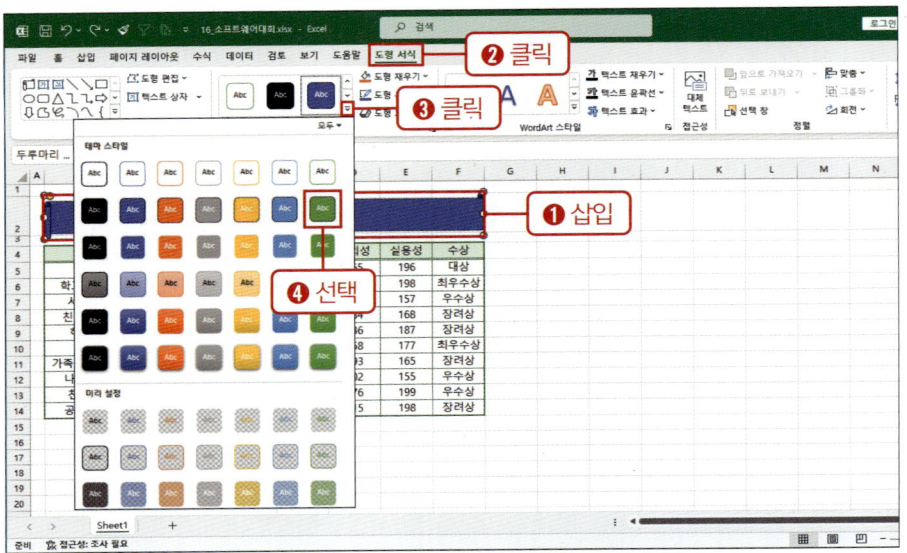

❷ 도형에 그림과 같이 내용을 입력하고 서식을 적용합니다.

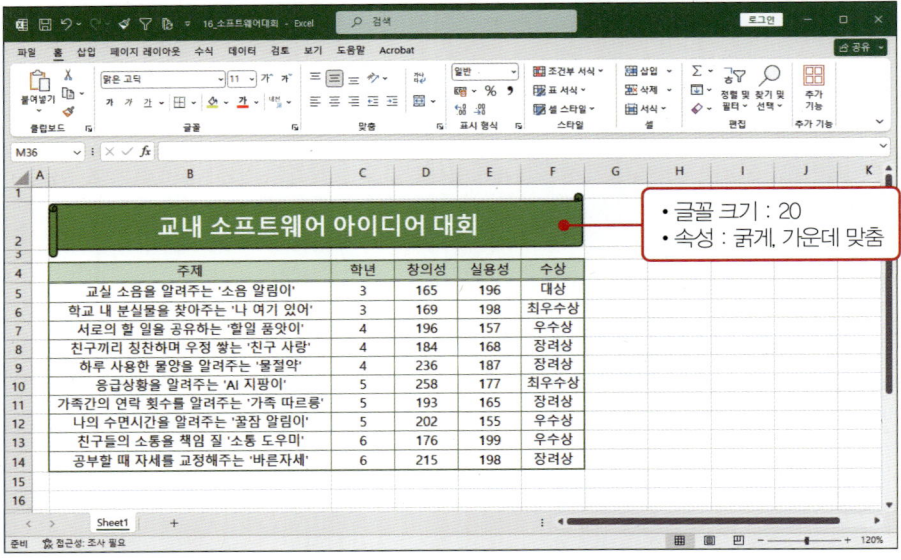

16 혼자 할 수 있어요!

• 예제 파일 : 16_그림대회.xlsx
• 완성 파일 : 16_그림대회_완성.xlsx

01 예제 파일을 불러와 '응시부문'의 개수와 '완성도'의 최대값을 부분합으로 구해 보세요.

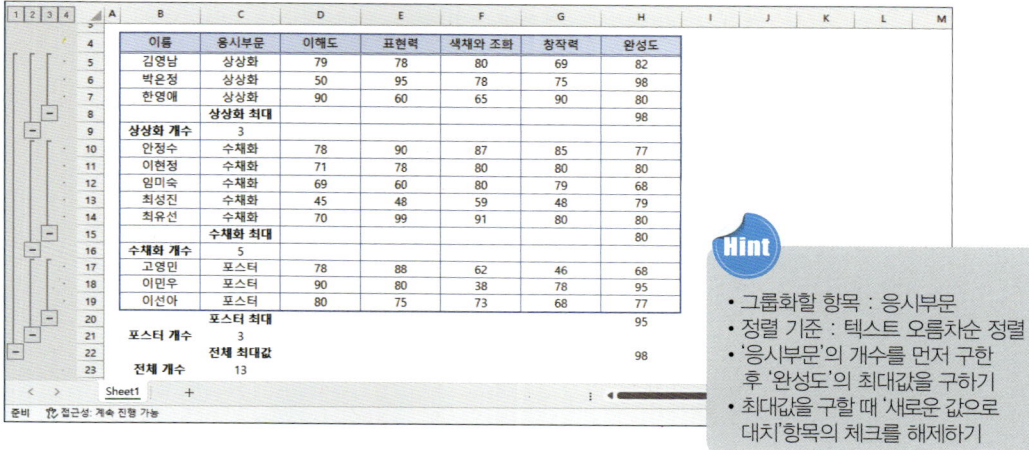

Hint
- 그룹화할 항목 : 응시부문
- 정렬 기준 : 텍스트 오름차순 정렬
- '응시부문'의 개수를 먼저 구한 후 '완성도'의 최대값을 구하기
- 최대값을 구할 때 '새로운 값으로 대치' 항목의 체크를 해제하기

02 '순서도: 문서' 도형을 삽입한 후 내용을 입력하고 그림과 같이 서식을 지정해 보세요.

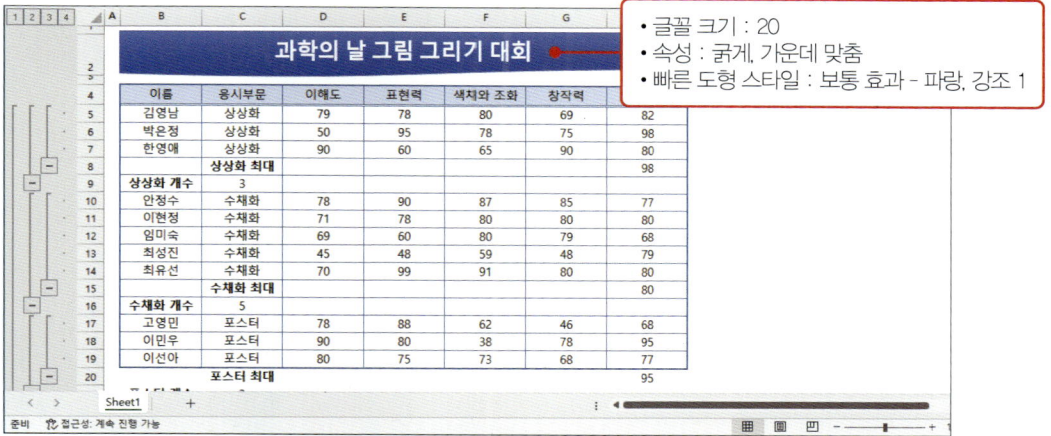

• 글꼴 크기 : 20
• 속성 : 굵게, 가운데 맞춤
• 빠른 도형 스타일 : 보통 효과 – 파랑, 강조 1

01  솜씨 어때요?

01 시트 이름을 '방정리목록'으로 변경하고 그림과 같이 문서를 완성해 보세요.

• 예제 파일 : 솜씨어때요01_정리목록.xlsx
• 완성 파일 : 솜씨어때요01_정리목록_완성.xlsx

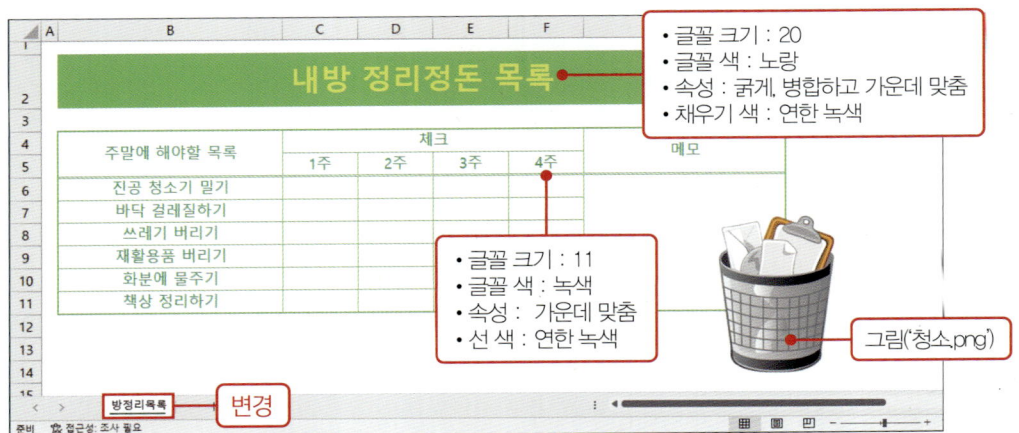

02 시트 이름을 '쉬는시간'으로 변경하고 그림과 같이 문서를 완성해 보세요.

• 예제 파일 : 솜씨어때요02_쉬는시간.xlsx
• 완성 파일 : 솜씨어때요02_쉬는시간_완성.xlsx

Hint
- 글자와 셀 서식 임의 지정
- [온라인 그림]을 이용하여 그림 삽입
- 성별로 가장 많은 숫자의 셀 색상과 글꼴 색 변경

02 솜씨 어때요?

01 워크시트에 그림과 같이 내용을 입력한 후 조건부 서식과 도형을 이용하여 그림과 같이 문서를 완성해 보세요.

• 예제 파일 : 솜씨어때요03_사라진 스마트폰.xlsx
• 완성 파일 : 솜씨어때요03_사라진 스마트폰_완성.xlsx

도형(설명선-말풍선: 타원형)
- 글꼴 : 휴먼모음T
- 글꼴 크기 : 14, 16
- [도형 서식] 탭-[도형 스타일] 그룹-[빠른 스타일] : 보통 효과 - 주황, 강조 2

Hint
- [삽입] 탭-[기호] 그룹-[기호] 삽입
- 글꼴 : Webdings
- [홈] 탭-[스타일] 그룹-[조건부 서식]에서 상위/하위 규칙으로 2위까지 서식 지정

02 예제 파일을 불러와 테두리 서식과 도형을 이용하여 그림과 같이 문서를 완성해 보세요.

• 예제 파일 : 솜씨어때요04_미션사다리.xlsx
• 완성 파일 : 솜씨어때요04_미션사다리_완성.xlsx

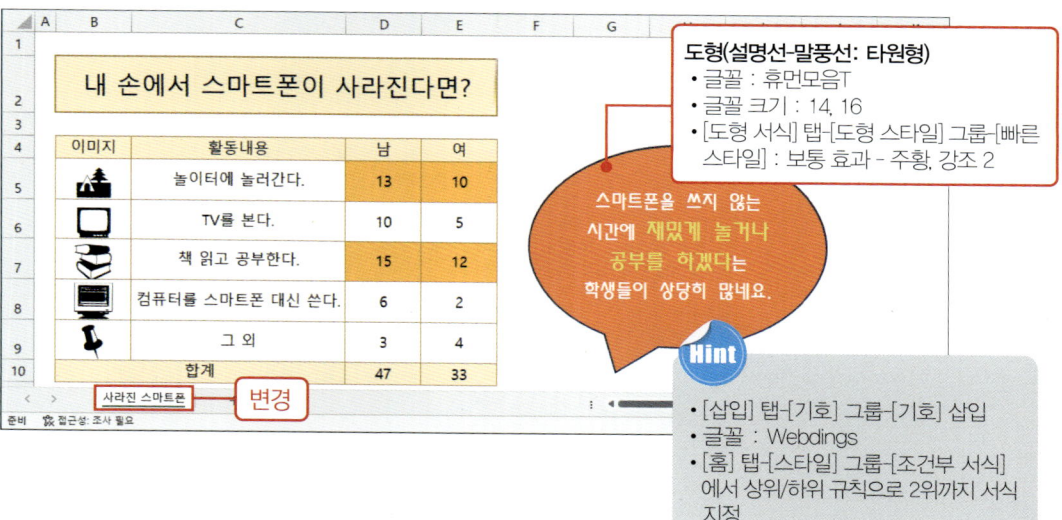

- 글꼴 : 휴먼엑스포
- 글꼴 크기 : 임의 지정
- 채우기 색 : 녹색, 강조 6

03 솜씨 어때요?

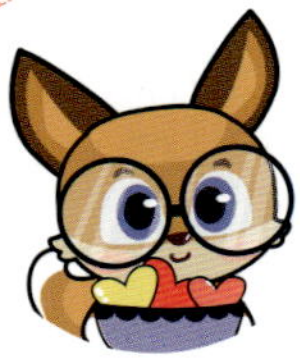

01 예제 파일을 불러와 계산식과 함수를 이용하여 연도, 월, 일, 할인율, 할인 금액을 구한 후 그림을 삽입하여 그림과 같이 문서를 완성해 보세요.

• 예제 파일 : 솜씨어때요05_학용품 바자회.xlsx
• 완성 파일 : 솜씨어때요05_학용품 바자회_완성.xlsx

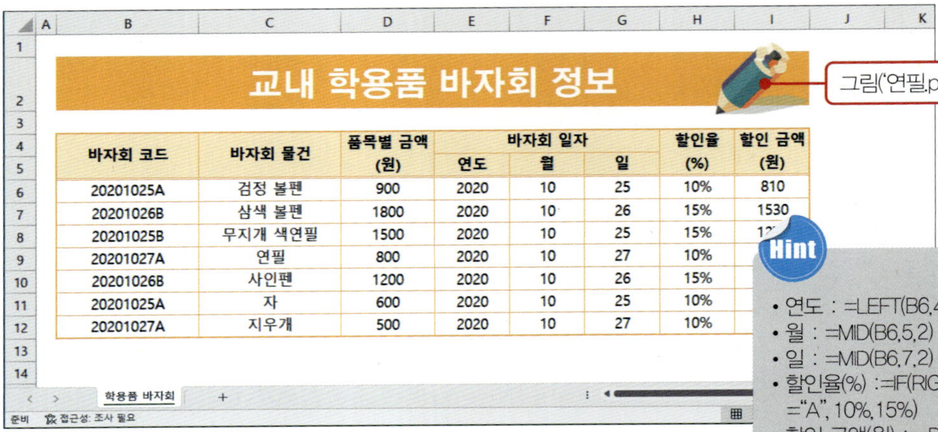

교내 학용품 바자회 정보

바자회 코드	바자회 물건	품목별 금액 (원)	바자회 일자			할인율 (%)	할인 금액 (원)
			연도	월	일		
20201025A	검정 볼펜	900	2020	10	25	10%	810
20201026B	삼색 볼펜	1800	2020	10	26	15%	1530
20201025B	무지개 색연필	1500	2020	10	25	15%	12
20201027A	연필	800	2020	10	27	10%	
20201026B	사인펜	1200	2020	10	26	15%	
20201025A	자	600	2020	10	25	10%	
20201027A	지우개	500	2020	10	27	10%	

그림('연필.png')

Hint

• 연도 : =LEFT(B6,4)
• 월 : =MID(B6,5,2)
• 일 : =MID(B6,7,2)
• 할인율(%) : =IF(RIGHT(B6,1)="A", 10%,15%)
• 할인 금액(원) : =D6-D6*H6

02 예제 파일을 불러와 함수를 이용하여 평균을 구하고 자동 필터를 이용하여 '학년'이 '4'학년에서 '6'학년이고 '평균'값이 '75'보다 크거나 같은 데이터를 추출한 후 도형을 삽입하여 그림과 같이 문서를 완성해 보세요.

• 예제 파일 : 솜씨어때요06_봉사점수.xlsx
• 완성 파일 : 솜씨어때요06_봉사점수_완성.xlsx

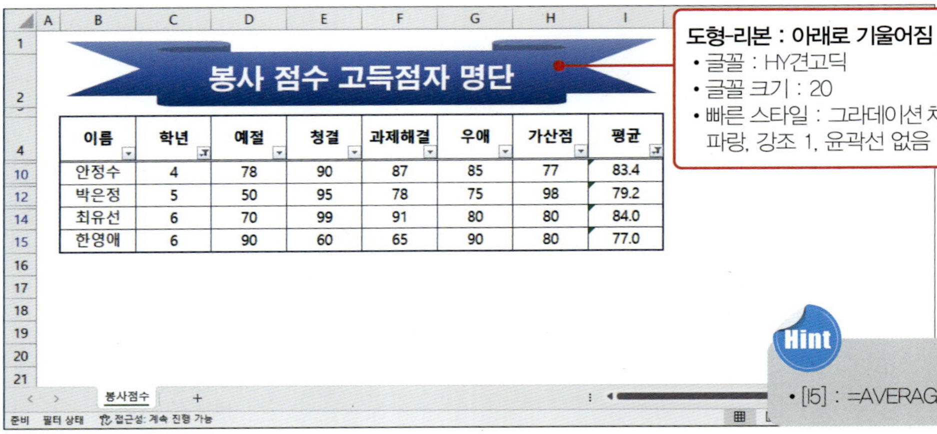

봉사 점수 고득점자 명단

이름	학년	예절	청결	과제해결	우애	가산점	평균
안정수	4	78	90	87	85	77	83.4
박은정	5	50	95	78	75	98	79.2
최유선	6	70	99	91	80	80	84.0
한영애	6	90	60	65	90	80	77.0

도형-리본 : 아래로 기울어짐
• 글꼴 : HY견고딕
• 글꼴 크기 : 20
• 빠른 스타일 : 그라데이션 채우기 - 파랑, 강조 1, 윤곽선 없음

Hint

• [I5] : =AVERAGE(D5:H5)

04 솜씨 어때요?

01 예제 파일을 불러와 [C9], [F9] 셀에는 함수를 이용하여 합계를 구하고 도형에는 각각 정해진 시트로 하이퍼링크를 연결해 보세요.

• 예제 파일 : 솜씨어때요07_MBTI 믿는 이유.xlsx
• 완성 파일 : 솜씨어때요07_MBTI 믿는 이유_완성.xlsx

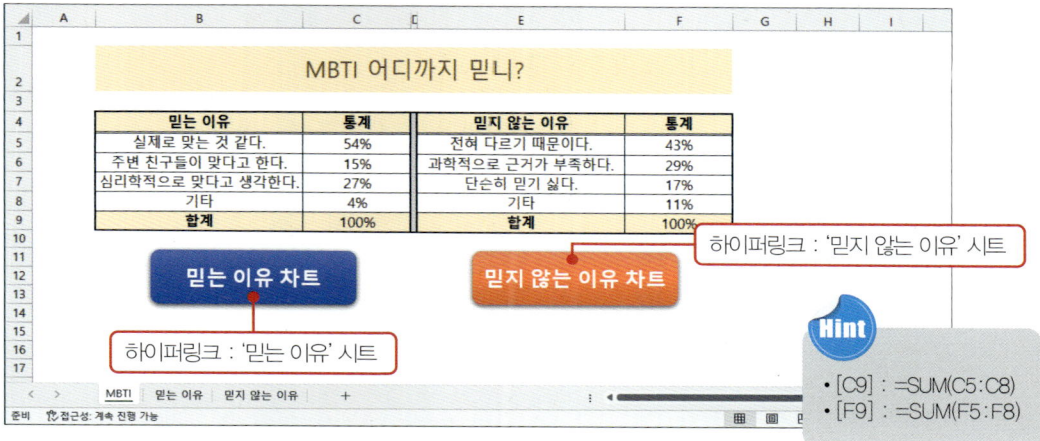

Hint
- [C9] : =SUM(C5:C8)
- [F9] : =SUM(F5:F8)

02 예제 파일을 불러와 'MBTI' 시트의 데이터를 이용하여 '믿는 이유' 시트와 '믿지 않는 이유' 시트에 각각의 차트를 만들고 'MBTI' 시트로 하이퍼링크를 연결해 보세요.

• 예제 파일 : 솜씨어때요08_MBTI 믿는 이유.xlsx
• 완성 파일 : 솜씨어때요08_MBTI 믿는 이유_완성.xlsx

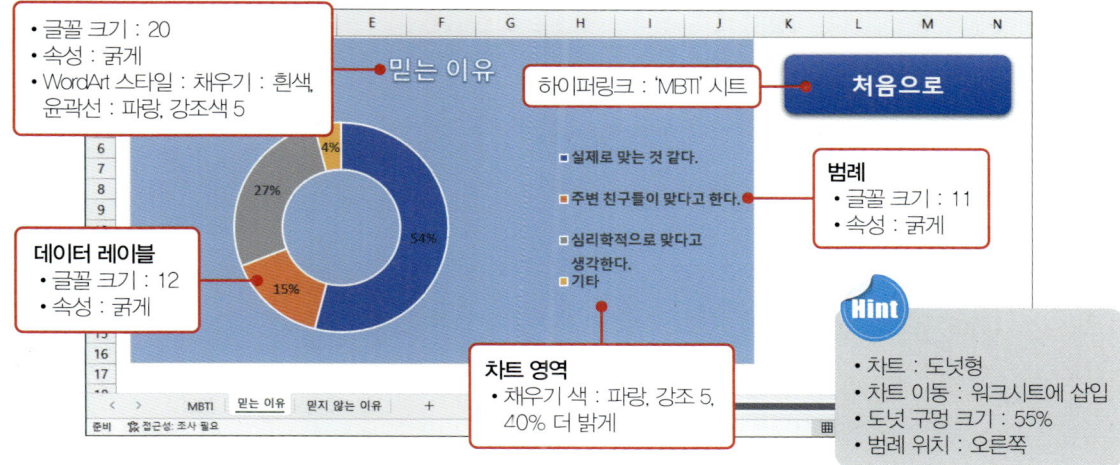

Hint
- 차트 : 도넛형
- 차트 이동 : 워크시트에 삽입
- 도넛 구멍 크기 : 55%
- 범례 위치 : 오른쪽

- 예제 파일 : 솜씨어때요09_샌드위치판매현황.xlsx
- 완성 파일 : 솜씨어때요09_샌드위치판매현황_완성.xlsx

01 예제 파일을 불러와 그림과 같이 서식을 지정하고 [E4:E10] 셀에 각 샌드위치의 판매금액을 구해 보세요.

	A	B	C	D	E	F
1		★ 설브웨이 매출 현황 ★				
3		구분	이름	종류	판매금액	판매수량
4		에그마요S8500	에그마요	세트	8500	120
5		스테이크S9000	스테이크	세트	9000	80
6		바비큐치킨N5000	바비큐치킨	단품	5000	62
7		이탈리안S9700	이탈리안	세트	9700	202
8		안창비프S7700	안창비프	세트	7700	41
9		머쉬룸N6000	머쉬룸	단품	6000	162
10		베이컨N5300	베이컨	단품	5300	99
11						
12		3번째로 많이 팔린 샌드위치 수량				
13		최대 판매수량-최소 판매수량				
14		종류가 세트인 샌드위치의 개수				

- 글꼴 : HY헤드라인M
- 글꼴 크기 : 16
- 채우기 색 : 황금색, 강조 4, 60% 더 밝게

Hint RIGHT 함수 이용

02 함수를 이용하여 3번째로 많이 팔린 샌드위치 수량, 최대 판매수량 – 최소 판매수량, 종류가 세트인 샌드위치의 개수를 구해 보세요.

	A	B	C	D	E	F
1		★ 설브웨이 매출 현황 ★				
3		구분	이름	종류	판매금액	판매수량
4		에그마요S8500	에그마요	세트	8500	120
5		스테이크S9000	스테이크	세트	9000	80
6		바비큐치킨N5000	바비큐치킨	단품	5000	62
7		이탈리안S9700	이탈리안	세트	9700	202
8		안창비프S7700	안창비프	세트	7700	41
9		머쉬룸N6000	머쉬룸	단품	6000	162
10		베이컨N5300	베이컨	단품	5300	99
11						
12		3번째로 많이 팔린 샌드위치 수량				120
13		최대 판매수량-최소 판매수량				161
14		종류가 세트인 샌드위치의 개수				4

Hint LARGE, MAX, MIN, COUNTIF 함수 이용

• 예제 파일 : 솜씨어때요10_만족도조사.xlsx
• 완성 파일 : 솜씨어때요10_만족도조사_완성.xlsx

01 예제 파일을 불러와 고급 필터 기능을 이용하여 시설분류가 놀이시설이고 고객등급이 A인 목록만 표시해 보세요.

02 고급 필터 기능을 이용하여 고객등급이나 관리등급이 A+인 목록을 [B14] 셀에 복사해 보세요.

Hint
• [데이터] 탭-[정렬 및 필터] 그룹-[지우기] 클릭하여 앞서 적용한 고급 필터 해제
• [고급 필터] 대화상자에서 '다른 장소에 복사' 클릭 후 복사 위치 지정

07 솜씨 어때요?

• 예제 파일 : '07예제1'~'07예제5'
• 완성 파일 : 솜씨어때요11_층별안내_완성.xlsx

01 새 문서를 실행하고 워드아트와 그림을 삽입하여 그림과 같은 문서를 작성해 보세요.

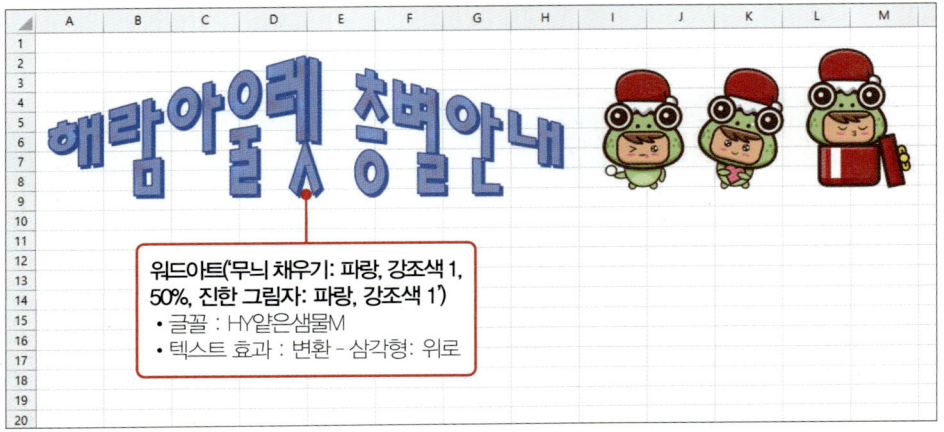

02 스마트아트를 삽입하여 그림과 같이 문서를 완성해 보세요.

• 예제 파일 : 솜씨어때요12_인기가전.xlsx
• 완성 파일 : 솜씨어때요12_인기가전_완성.xlsx

01 예제 파일을 불러와 함수를 이용하여 가전제품의 판매 순위를 구해 보세요.

제품코드	제품명	구분	가격 (단위 : 천 원)	판매 수량	총 매출액 (단위 : 천 원)	판매 순위
EB-1104	텔레비전	인기제품	9,900	400	3,960,000	3
VE-1308	로봇청소기	인기제품	1,200	430	516,000	1
NA-2001	세탁기	할인제품	4,300	350	1,505,000	4
BO-0303	건조기	인기제품	4,600	340	1,564,000	5
CH-1122	공기청정기	신제품	1,500	230	345,000	7
TS-3554	냉장고	인기제품	5,600	430	2,408,000	1
ZQ-2054	식기세척기	신제품	2,300	150	345,000	8
HW-4675	에어컨	할인제품	3,000	120	360,000	9
ED-3451	스타일러	인기제품	3,200	330	1,056,000	6

Hint RANK.EQ 함수 이용

02 피벗 테이블을 이용하여 구분별 판매 수량과 총 매출액을 요약해 보세요.

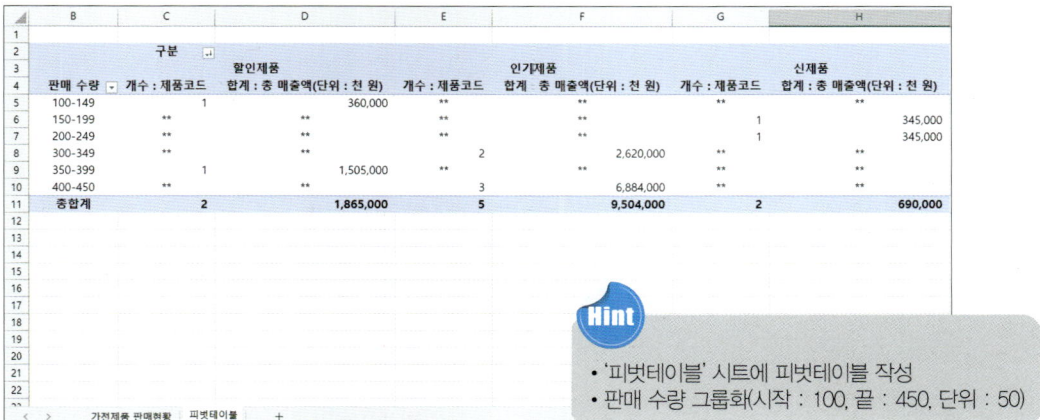

Hint
• '피벗테이블' 시트에 피벗테이블 작성
• 판매 수량 그룹화(시작 : 100, 끝 : 450, 단위 : 50)

초등 전과목
디지털학습 플랫폼

디지털 츄크

첫 달 100원
무제한 스터디밍

지금 신규 가입하면
첫 달 ~~9,500원~~ → 100원!

초등 전과목
교과 학습

AI 문해력
강화 솔루션

AI 수학 실력
향상 프로그램

웹툰으로 만나는
학습 만화

초중고 교과서 발행 부수 1위 기업 **MiraeN**